CATALOGUE

DES

LIVRES ORIENTAUX

FORMANT LA BIBLIOTHÈQUE

DE

FEU M. ÉDOUARD DULAURIER

MEMBRE DE L'INSTITUT
PROFESSEUR A L'ÉCOLE DES LANGUES ORIENTALES VIVANTES
MEMBRE DU CONSEIL DE LA SOCIÉTÉ ASIATIQUE

DONT LA VENTE AURA LIEU

Les Jeudi 12, *Vendredi* 13 *et Samedi* 14 *Novembre* 1885

28, RUE DES BONS-ENFANTS, 28

Salle n° 1

A 8 HEURES TRÈS PRÉCISES DU SOIR

Me MAURICE DELESTRE,
Commissaire-priseur, 27, rue Drouot.

M. ERNEST LEROUX
Libraire-expert, 28, rue Bonaparte.

PARIS
ERNEST LEROUX, ÉDITEUR
LIBRAIRE DE LA SOCIÉTÉ ASIATIQUE,
DE L'ÉCOLE DES LANGUES ORIENTALES VIVANTES, ETC.
28, RUE BONAPARTE, 28

1885

CATALOGUE

DES

LIVRES ORIENTAUX

FORMANT LA BIBLIOTHÈQUE

DE

FEU M. ÉDOUARD DULAURIER

MEMBRE DE L'INSTITUT
PROFESSEUR A L'ÉCOLE DES LANGUES ORIENTALES VIVANTES
MEMBRE DU CONSEIL DE LA SOCIÉTÉ ASIATIQUE

DONT LA VENTE AURA LIEU

Les Jeudi 12, Vendredi 13 et Samedi 14 Novembre 1885

28, RUE DES BONS-ENFANTS, 28

Salle n° 1

A 8 HEURES TRÈS PRÉCISES DU SOIR

Me MAURICE DELESTRE,	M. ERNEST LEROUX
Commissaire-priseur, 27, rue Drouot.	Libraire-expert, 28, rue Bonaparte.

PARIS
ERNEST LEROUX, ÉDITEUR
LIBRAIRE DE LA SOCIÉTÉ ASIATIQUE,
DE L'ÉCOLE DES LANGUES ORIENTALES VIVANTES, ETC.
28, RUE BONAPARTE, 28

1885

ORDRE DES VACATIONS

1re VACATION. — Jeudi 5 novembre, 1 à 260.
2e — — Vendredi 6 novembre, 261 à 500.
3e — — Samedi 7 novembre, 526 à 757, 501 à 525.

CONDITIONS DE LA VENTE

La vente se fait au comptant.

Les acquéreurs paieront cinq centimes par franc, en sus des enchères, applicables aux frais.

Les réclamations devront être faites dans les vingt-quatre heures de l'adjudication.

ANGERS, IMPRIMERIE BURDIN ET Cie, RUE GARNIER, 4.

CATALOGUE
DE LIVRES

PROVENANT DE LA BIBLIOTHÈQUE

DE M. ED. DULAURIER

Membre de l'Institut ;
Professeur à l'École des Langues orientales vivantes, etc.

RELIGION

BIBLE. — ANCIEN ET NOUVEAU TESTAMENT

1. Biblia hebraïca ed. Hahn. *Lipsiæ*, 1839, in-8, br.

2. ULFILAS. Die heiligen Schriften alten und neuen Bundes in gothischer Sprache mit gegenüberstehenden griechischen und lateinischen Texte. Von H. F. Massmann. *Stuttgart*, 1857, in-8, br.

3. Bible en dialecte welsh. *Londres*, 1864, in-8, bas.

4. La Bible en gaëlic, en dialecte de Manks, en irlandais. — Nouveau testament, en breton, etc. 4 vol. in-8 et in-16, bas.

5. PHILONIS Judaei Opera exegetica in libros Mosis, de Mundi opificio, historicos et legales, quæ partim ab Adriano Turnebo, partim a Davide Hoeschelio edita et illustrata sunt. Graece et lat. *Coloniæ, Allobrogum*, 1613, in-folio à 2 col., frontisp., veau.

6. HAMAKER (Henrici Arentii). Commentatio in libellum de vita et morte prophetarum qui graece circumfertur. *Amstelodami*, 1833, in-4, br.

7. USSERII (Jacobi). Annales Veteris et Novi Testamenti. Una cum rerum asiaticarum et aegyptiacarum chronico. Cura et studio A. Lubin, *Bremæ*, 1686. — In Annales Jacobi Usserii tabulæ et observationes ad novam editionem parisinam, authore A. Lubin. *Parisiis*, 1673. Ens. 2 vol. in-folio, bas.

8. REUSS (Ed.). Die Geschichte der Heiligen Schriften neues Testaments. 5e Ausg. *Braunschweig*, 1874, in-8, br.

9. Brown (John). A dictionary of the Holy Bible, and a memoir of the author by J. Brown Patterson. *Glasgow*, 1833, 2 vol. in-8, portrait, cart.

10. Dictionnaire de la Bible. *Paris. Migne*, 1845-46, 4 vol. gr. in-8, br.

11. Concordantiæ bibliorum. Id est, dictiones omnes quæ in Vulgata editione latina librorum Veteris et Novi Testamenti leguntur, ordine digestæ, etc. *S. l.*, 1600, in-folio à 4 col., veau.

12. Textus sacrorum evangeliorum versionis simplicis syriacæ, juxta editionem Schaafianam, collatus. a Ricardo Jones. *Oxonii*; 1805, in-4, br.

13. Saint Jean Chrysostome. Commentaires sur l'évangile de saint Mathieu et fragments des commentaires sur les épitres de saint Paul. Traduction arménienne du ve siècle. *Venise*, 1826, 3 vol. in-8, br.

CHRISTIANISME

Histoire de l'Église catholique. — Histoire des papes.

14. Essai sur la formation du dogme catholique. *Paris*, 1842-43, 4 vol. in-8, br.

15. Chateaubriand (F.-A. de). Génie du christianisme, 6e édition. *Paris*, 1816, 4 vol. in-8, gravures, br.

16. Migne (J.-P.). Patrologiæ cursus completus. Tomes 18, 21, 31, 71, 72, 95, 96, 97-98, 114 à 117, 132. *Paris*, 1846-1879, 14 vol. gr. in-8, br.

17. Dictionnaire de patrologie de Migne. *Paris*, 1851-55, 4 vol. gr. in-8, br.

18. Donaldson (James). The apostolical fathers. *London*, 1874, in-8, perc.

19. Tertulliani (Sept. Flor.). Carthaginiensis presbyteri opera, cum Jac. Pamelii Brugensis adnotationibus. *Parisiis*, 1584, 5 parties en 1 volume in-folio, d.-rel.

20. Beati Theodoreti episcopi Cyri opera omnia, quorum plurima græce, quædam etiam latine nunc primum prodeunt. Cura et studio Jacobi Sirmondi. *Lutetiæ Parisiorum*, 1642, 4 vol. in-folio, à 2 col., veau.

21. Suaresii (R. P. Francisci, S. J.). Opuscula sex inedita, edit. J.-B. Malou. *Bruxellis*, 1859, in-folio, à 2 col., portrait, br.

22. Macaire. Introduction à la théologie orthodoxe. — Théologie dogmatique orthodoxe. Traduite par un russe. *Paris*, 1857-60, 3 vol. gr. in-8, b.

23. Dictionnaire de diplomatique chrétienne. *Paris, Migne*, 1866, gr. in-8, br.

24. Mémoires pour servir à l'histoire ecclésiastique des six premiers siècles (par l'abbé de Tillemont). *Paris*, 1693-1712, 16 vol. in-4, veau.

25. FLEURY (l'abbé). Histoire ecclésiastique. *Paris*, 1840, 6 vol. gr. in-8, à 2 col., br.

26. NEANDER (A.). Allgemeine Geschichte der christlichen Religion. 2e Aufl. *Hamburg*, 1842-46, 3 vol. in-8, br.

27. ROHRBACHER. Histoire universelle de l'Église catholique, continuée jusqu'en 1866 par J. Chantrel, avec une table générale par A. H. Dufour. *Paris*, 1868-69. 16 vol. gr. in-8, à 2 col., br.

28. DE POTTER. Histoire philosophique, politique et critique du christianisme. *Paris*, 1836-37, 8 vol. in-8, br.

29. Gallia vindicata, in qua testimoniis, exemplisque gallicanæ præsertim ecclesiæ, quæ pro regalia, ac quatuor parisiensibus propositionibus a Ludovico Maimburgo, aliisque producta sunt, refutantur. Auctore Coelestino Sfondrati. *Ex Typographya princip. S. Galli*, 1702, pet. in-4, frontisp. parchemin.

30. LABBE (P.). Conciliorum generalium nation. provinc. dioceses. cum vitis epistolisque rom. pontificum, historica synopsis; etc. *Lutetiæ Parisiorum*, 1661, in-4, veau.

31. Histoire du concile de Trente, de Fra' Paolo Sarpi, théologien du sénat de Venise. Traduite par Amelot de la Houssaye, 3e éd. *Amsterdam*, 1713, in-4, veau.

32. SFORZA PALLAVICINI (le P.). Histoire du concile de Trente. *Montrouge*, 1844-45, 3 vol. in-8, à 2 col., br.

33. Dictionnaire des conciles. *Paris*, *Migne*, 1846, 2 volumes gr. in-8, br.

34. Acta pontificum romanorum inedita. I. Urkunden der Paepste (748-1198) hrsgbn. von J. v. Pflugk-Hartunk. Tome I, 1re et 2e parties. *Tübingen*, 1880, 2 fasc. gr. in-8, br.

35. Historia Bap. Platinæ de vitis pontificum romanorum, a J. C. usque ad Paulum II. *Lovanii*, 1572, in-folio, veau.

36. Regesta pontificum romanorum inde ab a. post Christum natum 1198 ad a. 1304 edidit Aug. Potthast. *Berolini*, 1873-75, 2 tomes en 13 fascicules, in-4, br.

37. Pontificum romanorum qui fuerunt inde ab exeunte sæculo IX usque ad finem sæculi XIII vitæ ab æqualibus conscriptæ, quas ex archivi pontificii, etc., edidit J. M. Watterich. Tomes I et II. *Lipsiæ*, 1862, 2 vol. gr. in-8, br.

38. Regesta pontificum romanorum ab condita ecclesia ad annum post Christum natum 1598. Edidit Philippus Jaffé. *Berolini*, 1581, in-4, br.

39. Breviarium chronologicum pontificum et conciliorum omnium... studio ac labore Fr. Francisci Longi. *Lugduni*, 1623, in-folio, frontisp., parch.

40. Histoire des papes et souverains chefs de l'Église, par André du Chesne, historiographe du roy. *Paris*, 1645, in-fol., veau.

41. Storia della marina pontificia nel medio evo, per A. Guglielmotti. *Firenze*, 1871, 2 vol. in-12. — Favole del medio evo intorno ai papi, di Dœllinger. *Torino*, 1867, in-8, br.

42. Histoire des chapelles papales, par le chevalier Moroni. *Paris*, 1846, in-8, br., planche.

43. Fea (D.-C.). Il diritto sovrano della santa sede sopra le valli di Comacchio e sopra la republica di S. Marino. *Roma*, 1834, in-8, br.

44. Histoire des Papes. — Documents relatifs au pontificat de Pie IX. 19 vol. et brochures, in-8.

45. L'Immaculée Conception. Origine d'un dogme, par Stop. — La croyance à l'Immaculée Conception, par l'abbé Laborde. — Entretiens sur la Salette, etc. 5 vol. et broch.

HÉRÉSIES. — SCHISMES

46. Philosophumena sive hæresium omnium confutatio opus Origeni adscriptum recensuit et latine vertit P. Cruice. *Parisiis, in Typ. Imp.*, 1860, in-8, br.

47. Decretales Pseudo Isidorianæ et capitula Angilramni recensuit Paulus Hinschius. *Lipsiæ*, 1863, 1 tome en 2 vol. gr. in-8, br.

48. Φωτίου τοῦ Σοφωτάτου καὶ Ἁγιωτάτου πατριάρχου Κωνσταντινουπόλεως Ἐπιστολαί. Ὑπὸ Ι. Ν. Βαλέττα. *Londres*, 1864, in-4, cart.

49. Eutychii Patriarchæ Alexandrini Annales. Interprete Edwardo Pocockio. *Oxoniæ*, 1658, 2 tomes in-4 en 1 vol., chaque page encadrée d'un filet parchemin.

Arabe et latin.

50. Codex nasaraeus, liber Adami appellatus syriace transcriptus latineque redditus a Matth. Norberg. *Londini, Gothorum*, 1815-1816, 3 vol. in-4. — Lexidion codicis Nasaraei cui liber Adami nomen, edidit M. Norberg, 1816. — Onomasticon codicis Nasaraei. Edidit M. Norberg, 1817. — Ens. 5 vol. in-4, br.

51. Histoire de Manichée et du manichéisme, par M. de Beausobre. *Amsterdam*, 1734-39, 2 vol. in-4, veau.

52. Matter (J.). Histoire critique du gnosticisme, 2e édit. *Strasbourg*, 1843-44, 3 vol. in-8, 3 pl., br.

53. Pistis sophia. Opus gnosticum Valentino adjudicatum e cod. ms. coptico Londinensi descripsit et latine vertit M. G. Schwartze, edidit J.-H. Petermann. *Berolini*, 1851, in-8, perc.

54. Lamothe-Langon (L.-B. de). Histoire de l'inquisition en France. *Paris*, 1829, 3 vol. in-8, br.

55. Processo originale degli Untori nella peste del 1630. *Milano*, 1839, in-8, br., avec une planche représentant les supplices.

56. Histoire du schisme des Grecs, par le P. Louis Maimbourg. *Paris*, 1678, 2 vol. in-12, veau.

57. Acta et scripta quæ de controversiis ecclesiæ græcæ et latinæ sæculo undecimo composita extant, edidit Dr Cornelius Will. *Marpurgi*, 1861, in-4, br.

58. Expositio documentis munita earum curarum quas summus pontifex Pius IX assidue gessit in eorum malorum levamen quibus in ditione Russica et Polona ecclesia catholica afflictatur e latinis ephemeridibus excerpta. *Romæ*, 1870, in-8, br.

59. L'Église greco-russe, par A. Galitzin. — La question religieuse en Orient. — La Russie sera-t-elle catholique? par Gagarin. — Le clergé russe, etc. 18 vol. et brochures en russe, polonais, anglais, français, relativement aux Églises orientales et anglicanes.

LITURGIE

LIVRES D'ÉGLISE DES DIVERS DIOCÈSES

60. Liturgiæ sive missæ sanctorum patrum. De ritu missæ et eucharistia. *Parisiis*, 1560, petit in-folio, cart.
Grec et latin.

61. Bibliotheca ritualis concinnatum opus a Francisco Antonio Zaccaria. *Romæ*, 1776-1781, 2 tomes en 3 vol. in-4, br.

62. Missale romanum, ex decreto sacrosancti concilii Tridentini restitutum. *Antverpiæ*, 1702, in-folio, gravures, veau.

63. Rituel romain du pape Paul V, traduit en françois, par Simon de Peyronnet. *Toulouse*, 1712, in-4, veau.

64. Graduale romanum, juxta missale ex decreto concilii Tridentini Pii V et Clementis VIII, auctoritate recognitum, etc. *Lugduni*, 1724, pet. in-4, veau.

65. Antiphonarium juxta breviarium romanum, ex decreto concilii Tridentini Pii V et Clementis VIII, auctoritate recognitum. *Gratianopoli*, 1724, in-4, veau rac.

66. Ad Rituale romanum commentaria, authore Hieronymo Baruffaldo. *Augustæ Vindel*, 1735, pet. in-4, reliure en bois.

67. Graduel et vespéral romains. *Paris*, 1854, 2 vol. in-12, bas., musique notée.

68. Vesperale romanum cum psalterio et antiphonali romano extractum. Cum cantu emendato. Editio prima. *Mechliniæ*, 1854, in-folio, basane noire, tr. rouges.

69. Graduale romanum juxta ritum romanæ Ecclesiæ, cum cantu Pauli V, pont. Maximi jussu reformato. Editio prima. *Mechliniæ*, 1855, in-folio, basane noire, tr. rouges.

70. Graduel romain contenant les messes de tous les jours de l'année, les matines, etc. — Vespéral romain contenant les vêpres de tous les jours de l'année, etc. — Pub. par la commission ecclésiastique de Digne. *Digne*, 1858, 2 vol. in-4, veau rac.

71. Livres de liturgie. 11 volumes.

72. Graduale monasticum juxta missale Pauli V, in usum monialium Sancti Benedicti, opera G. Nivers. *Paris*, 1696, in-4, veau.

73. Missale romanum in quo missæ sanctorum ordinum S. P. Francisci suo ordine inseruntur. *Avenione*, 1776, in-folio, rouge et noir, veau.

74. Breviarium ad usum Congregationis Sancti Mauri, Ord. S. Benedicti in Gallia. *Parisiis*, 1787, 4 vol. in-12, veau.

75. Missel de Paris, imprimé par ordre de Mgr l'archevêque. *Paris*, 1738, 4 vol. in 18, bas., tr. dor.

76. Graduale parisiense Dom. C. G. G. de Vintimille, ex comitibus Massiliæ du Luc, Parisiensis archiepiscopi, auctoritate. *Parisiis*, 1738, in-folio, veau.

77. Missale parisiense, Dom. C. G. G. de Vintimille, e comitibus Massiliæ du Luc, Paris. archiepiscopi auctoritate editum. *Parisiis*, 1777, in-folio, veau.

78. Epistolie et Evangelia tam de tempore quam de sanctis et communi sanctorum cum collectis iisdem propriis e missali parisiensi excerpta, etc. *Lutetiæ Paris.*, 1830, pet. in-folio à 2 col., veau gaufré bleu.

79. Breviarium Parisiense, 1836, 4 vol. in-12, bas. rouge.

80. Rituale parisiense, auctoritate D. Hyacinthi-Ludovici de Quelen, Parisiensis archiepiscopi editum. *Lutet. Paris*, 1839, in-4, veau racine.

81. Missale parisiense, D. Hyacinthi-Ludovici de Quelen, Parisiensis archiepiscopi jussu recognitum. *Lutet. Paris*, 1841, in-4, à 2 col., veau gaufré.

82. Paroissiens, antiphonaires, graduels, livres d'offices à l'usage du diocèse de Paris. 31 vol. in-8, et in-12, la plupart avec musique notée.

83. Antiphonaire de Versailles, noté pour les dimanches et fêtes de l'année. *Paris*, 1831, gr. in-folio, veau.

84. Missale versaliense, Dom. S.-J.-F. Borderies, episcopi Versaleiensis, auct. *Versaliis*, 1832, in-folio, 2 col. encadr., veau.

85. Missale Ecclesiæ Rotomagensis authoritate Dom. Ludovici de Lavergne de Tressan, Rotomagensis archiepiscopi. *Rotomagi*, 1728, in-fol., rouge et noir, veau.

Exemplaire fatigué.

86. Antiphonale Ecclesiæ Rotomagensis, authoritate Dom. Ludovic de Lavergne de Tressan. *Rothomagi*, 1728, in-folio, veau.

Exemplaire fatigué.

87. Missale ecclesiæ Rotomagensis authoritate Nicolai de Saulx-Tavanes, archiepiscopi Rotomagensis, editum. *Rotomagi*, 1759, in-folio, dérelié.

88. Rituale rotomagense, auctoritate Dom. Dominici de la Rochefoucauld, Rotomagensis archiepiscopi editum. *Rotomagi*, 1771, in-4, veau.

89. Eucologe noté à l'usage du diocèse de Coutances. 1844, 2 vol. in-8, bas.

90. Processionale juxta ritum Ecclesiæ Suessionensis, 1737, in-8, cart., tr. dor. — Livres d'offices, paroissiens, graduels, etc., des diocèses de Sens, Lyon, Digne, Metz, Besançon, Saint-Brieuc, etc., 20 vol. in-12 et in-8, reliés, avec musique notée.

91. Breviarium tolosanum. *Tolosæ*, 1770, 4 vol. in-12, bas. dor. —

92. Graduale juxta missale tolosanum S.-C. de Lomenie de Brienne, archiepiscopi Tolosani auctoritate editum. Pars prima : proprium de tempore. Pars secunda : proprium et commune sanctorum. *Tolosæ*, 1775, 2 vol. in-folio, veau, coins en cuivre.

Le titre du premier volume manque.

93. Epitome antiphonarii seu vesperale tolosanum Dom. S.-C. de Lomenie de Brienne, Tolosani archiepiscopi auctoritate editum. *Tolosæ*, 1778, in-folio, veau.

94. Processionale insignis ecclesiæ abbatialis Sancti Saturnini. *Tolosæ*, 1780, in-8, veau.

95. Missale Tolosanum. *Tolosæ*, 1832, in-folio à 2 col., encadrements, basane, tr. dorées.

96. Missale tolosanum, Dom. P. T. D. d'Astros, archiepiscopi Tolosani et Narbonensis auct. *Tolosæ*, 1832, in-folio, basane rouge et or.

97. Graduale tolosanum, Dom. Pauli Theresiæ Davidis d'Astros. Pars prima : proprium de tempore. Pars secunda : proprium et commune sanctorum. *Tolosæ*, 1835-36, 2 vol. in-fol., v. viol., tr. dor.

98. Diocèse de Toulouse. Paroissiens, vesperal, cantus diversi, etc. Ens. 9 vol. in-8 et in-12.

99. Breviarium albiense Leopoldi-Caroli de Choiseul, archiepiscopi Albiensis autoritate editum, *Parisiis*, 1764, 4 vol. in-8 à 2 col., veau.

100. Le même, *Albi*, 1840, 4 vol. gr. in-8, à 2 col., encadr., d.-v. —

101. Graduale albiense, Dom. F M. E. de Gualy, archiepiscopi Albiensis auct. editum. *Tolosæ*, 1836, in-folio, veau, coins et fermoirs en cuivre.

102. Antiphonarium albiense, Dom. F. M. E. de Gualy, archiepiscopi Albiensis auct. *Tolosæ*, 1836, in-folio, veau, coins en cuivre.

SCIENCES ET ARTS

MUSIQUE ANCIENNE. — CHANT GRÉGORIEN HISTOIRE DE LA MUSIQUE

103. Antiquae musicae auctores septem, graece et latine, Marcus Meibomius restituit ac notis explicavit. *Amstelodami, apud Ludovicum Elzevirium*, 1652, 2 vol. pet. in-4 à 2 col., parch.

104. Rossbach und Westphal Metrik der Griechen im Vereine mit den uebrigen musischen Künsten. I : Rhythmik und Harmonik, von R. Westphall. II : Die allgemeine und specielle Metrik, von R. Westphal. 2e Aufl. *Leipzig*, 1867-68, 2 vol. in-8, br.

105. Westphal. System der antiken Rhythmik, 1865. — Geschichte der alten und mittelalterlichen Musik, fasc. 1 et 3. 1864-66. Ens. 3 vol. in-8, br.

106. Ancienne musique grecque par Ruelle. — Eléments harmoniques d'Aristoxène, 1870. Du rhythme dans l'hymnographie de l'Église grecque, par H. Stevenson, 1876. — Vincent. Musique ancienne, 1854. — Tsetzes, Altgriechische Musik, etc. 6 broch. in-8.

107. Christ (W.) et M. Paranikas, Anthologia graeca carminum christianorum. *Lipsiæ*, 1871, gr. in-8, br.

108. Pitra (J.-B.). Hymnographie de l'Église grecque. Dissertation accompagnée des offices du 16 janvier, des 29 et 30 juin en l'honneur de saint Pierre et des apôtres. *Rome*, 1867, gr. in-8, br.

109. Choix des principales séquences du moyen âge, par F. Clément 1861. — Die lateinischen Sequenzen des Mittelalters von K. Bartsch. 1868. — Lateinische Hymnen des Mittelalters von P. Gall Morel, 1868. Ens. 3 vol. in-8, br.

110. Lateinische Hymnen des Mittelalters, aus Handschriften hrsgbn von F.-J. Mone. *Freiburg im Brisgau*, 1853-55, 3 vol. in-8, br.

111. Coussemaker (E. de). Histoire de l'harmonie au moyen âge. *Paris*, 1852, in-4, br.

112. Monumenta gregoriana edidit Philippus Jaffé. *Berolini*, 1865, in-8, br.

113. Antiphonaire de saint Grégoire. Fac-simile du manuscrit de Saint-Gall (copie authentique de l'autographe de 790) accompagné d'une notice historique, d'une dissertation sur le chant grégorien, etc., par le R. P. L. Lambillotte. *Bruxelles*, 1851, in-4, 4 gravures, dos et coins maroq.

114. Raillard (F.). Explication des neumes ou anciens signes de notation musicale pour servir à la restauration complète du chant grégorien. *Paris, s. d.*, gr. in-8, autogr., tableaux, br.

115. Saggio storico teorico pratico del canto gregoriano o romano per istruzione degli ecclesiastici operetta de Padre D. Pietro Alfieri. *Roma*, 1835, in-4, cart.

116. Esthétique, théorie et pratique du chant grégorien, par Lambillote. *Paris*, 1855, in-8, br. — Essai sur la tradition du chant ecclésiastique depuis saint Grégoire. *Toulouse*, 1867, in-12, br. Ens. 2 vol.

117. Plain-chant. Cours complet par Cariben. 1840, in-8, br. — Traité par Poisson. 1750, in-8, veau. — Méthode, par La Feillée. 1825, in-12, bas. — Manuel du chantre, etc. Ens. 6 volumes.

118. JUMILHAC. La science et la pratique du plain-chant, 2e édit., par Th. Nisard et A. Le Clercq. *Paris*, 1847, in-4, dos et coins maroquin bleu.

119. ADRIEN DE LA FAGE. Cours complet de plain-chant avec appendice. *Paris*, 1855-56, 2 vol. in-8, br.

120. Dictionnaire de plain-chant et de musique religieuse. *Paris*, *Migne*, 1860, gr. in-8, br.

121. DIETSCH ET TESSIER. Accompagnement d'orgue composé pour le graduel romain de la commission de Reims et de Cambrai. *Paris*, *s. d.*, in-4, veau.

122. BARBEREAU. Traité de composition musicale. Première partie : harmonie élémentaire. *Paris*. 1844, 2 vol. gr. in-8, d.-perc.

123. SAVARD (A.). Cours complet d'harmonie théorique et pratique. *Paris*, 1853, 2 vol. gr. in-8, d.-perc.

124. Histoire de l'école de chant de Saint-Gall, du VIIIe au XIIe siècle, par le P. Schubiger. — Etudes sur l'origine du système musical, par A. Barbereau. — Traité de l'art musical, par l'abbé Cornier. Ens. 3 vol. gr. in-8, br.

125. FÉTIS (F.-J.). Histoire générale de la musique, depuis les temps les plus anciens jusqu'à nos jours. *Paris*, *Didot*, 1869-76, 5 vol. in-8, br.

126. FÉTIS (F.-J.). Biographie universelle des musiciens et bibliographie générale de la musique. 2e édition. *Paris*, *Didot*, 1877-78, 8 vol. in-8, br. — Supplément, par A. Pougin. *Ibid.*, 1878-80, 2 vol. Ens. 10 vol.

DROIT. — MATHÉMATIQUES. — HISTOIRE NATURELLE

127. Bibliotheca juris canonici veteris. Cum versionibus latinis, præfationibus, notis et indicibus. Opera et studio G. Voelli et H. Justelli. *Lut. Paris.*, 1661, 2 vol. in-fol., à 2 col., veau.

128. Mariani Scoti, poetæ, mathematici, philosophi et theologi eximii, monachi Fuldensis, historici probatissimi, chronica. Adiecimus Martini Poloni, argumenti Historiam... *Basileæ*, *s. d.*, in-fol., à 2 col., parch. (*Mouillures.*)

129. WALLIS (Johannis). Geometriæ professoris Saviliani, in celeberrima academia Oxoniensi ; Opera mathematica. *Oxoniæ*, 1695-1699, 3 vol. in-fol., portraits, fig. et pl., veau. (*Cachet enlevé au titre.*)

130. Plinii secundi naturalis historiæ cum interpretatione et notis integris Johannis Harduini itemque cum commentariis et adnotationibus variorum recensuit J. Franzius. *Lipsiæ*, 1778-1791, 10 vol. in-8, br.

131. ARMANDI (P.). Histoire militaire des éléphants. *Paris, s. d.*, in-8, pl., br.

LINGUISTIQUE

ASSYRIE. — ÉGYPTE

132. LENORMANT (François). Essai de commentaire des fragments cosmogoniques de Bérose. *Paris*, 1871, in-8, br.

133. DARMESTETER (James). Ormazd et Ahriman. Leurs origines et leur histoire. *Paris*, 1877, in-8, br.

134. BONOMI (J.). Nineveh and its palaces. *London*, 1853, in-8, fig. et pl., perc.

135. MÉNANT (Joachim). Exposé des éléments de la grammaire assyrienne. *Paris, Imp. Imp.*, 1868, gr. in-8, br.

136. LENORMANT (François). Lettres assyriologiques, tome I. *Paris*, 1871, in-4, autogr. — Lettres assyriologiques, 2e série, tome I, livraisons 1, 2, 3 (autogr.) et tome III, livraison 1. *Paris*, 1873-79, in-4. Ens. 5 vol. in-4, br.

137. LENORMANT (François). Essai sur un document mathématique chaldéen et à cette occasion sur le système des poids et mesures de Babylone. *Paris*, 1868, in-8, autographié, br.

138. JABLONSKI (P.-E.). Pantheon Ægyptiorum sive de diis eorum commentarius cum prolegomenis de religione et theologia Ægyptiorum. *Francofurti ad Viadrum*, 1750-52, 3 vol. — J.-G. de Lith, disquisitio de adoratione panis consecrati et interdictione sacri calicis in Eucharistia. *Seobaci*, 1853. Réunis en 1 vol. in-8, dos et coins parch.

139. LEPSIUS (R.). Das Todtenbuch der Ægypter nach dem hieroglyphischen Papyrus in Turin mit einem Vorworte. *Leipzig*, 1842, in-4, 79 planches, br.

140. BENFEY (Theodor). Ueber das Verhaeltniss der aegyptischen Sprache zum semitischen Sprachstamm. *Leipzig*, 1844, in-8, br.

141. YOUNG (Thomas). Rudiments of an egyptian dictionary in the ancient enchorial character. *London*, 1831, in-8, portrait. - 2 - 50

142. CHAMPOLLION LE JEUNE. Grammaire égyptienne ou principes généraux de l'écriture sacrée égyptienne. *Paris*, 1836, in-folio, d.-toile. - 22 - .

143. CHAMPOLLION LE JEUNE. Dictionnaire égyptien, publié d'après les manuscrits autographes par Champollion-Figeac. *Paris*, 1841, in-folio, autogr. d.-toile. - 22 - ..

144. BIOT. Recherches sur l'année vague des Égyptiens. — Mémoire sur divers points d'astronomie ancienne. — Recherches de quelques dates absolues. *Paris*, 1831-53, 3 vol. in-4, pl., br. - 5 - ..

145. MARTIN (Th.-Henri). Mémoire sur le calendrier luni solaire chaldéo-macédonien. — Mémoire sur le rapport des lunaisons avec le calendrier des Égyptiens, sur la période d'Apis, etc. — Mémoire sur la date historique d'un renouvellement de la période sothiaque. — Mémoire sur la période égyptienne du Phénix. — Mémoire sur cette question : La précession des équinoxes a-t-elle été connue des Égyptiens ou de quelque autre peuple avant Hipparque? *Paris*, 1853-69. Ens. 5 vol. et br. in-4 et in-8. - 9 - .

146. PIERRET (Paul). Études égyptologiques comprenant le texte et la traduction d'une stèle éthiopienne inédite et de divers manuscrits religieux avec un glossaire égyptien grec du décret de Canope. *Paris*, 1873, in-4, autogr., br. - 11 - ..

147. MAI (Angelo). Die aegyptischen Papyrus der vaticanischen Bibliothek. Aus dem italienischen von L. Bachmann. *Leipzig*, 1827, in-4, 3 planches, cart. - 1 - ..

148. CHAMPOLLION LE JEUNE. Lettres relatives au musée royal égyptien de Turin, 1re et 2e lettres. *Paris*, 1824-26, 2 vol. in-8, pl. br. - 1 - ..

149. Livre des prières sacrées. Pontifical et Eucologe, copte arabe, imp. par Tuki. *Rome*, 1761-62, 2 vol. in-4, cart. - 6 - .

150. Livre des trois liturgies, missel copte arabe, imp. par Tuki, *Rome*, 1736, in-4, cart. - 4 - 50

151. Livre contenant le service des saints mystères, celui des funérailles, les antiennes, etc. Rituel copte, imp. par Tuki. *Rome*, 1763, in-4, cart. 7 - ..

152. Livre des théotokies ou hymnes en l'honneur de la sainte Vierge pour le mois de koïak. En copte et en arabe. Imp. par Tuki. *Rome*, 1764, in-4, cart. - 3 - ..

153. Evangiles en copte et en arabe, 1829, pet. in-4 à 2 col., bas. gaufrée. - 3 - ..

154. Les Psaumes en copte et en arabe. Pet. in-4, basane gaufrée.

155. Fragmentum evangelii S. Johannis græco-copto-thebaicum sæculi IV. Opera et studio F.-A.-A. Georgii. *Romæ*, 1789, in-4, cart. - 4 - .

156. Psalterium in dialectum copticæ linguæ memphiticam transla- - 5 - .

tum edidit notisque instruxit, M.-G. Schwartze. *Lipsiæ*, 1843, in-4, br.

157. Fragmenta basmurico-coptica Veteris et Novi Testamenti, quæ in museo borgiano Velitris asservantur, edidit et latine vertit, W.-F. Engelbreth. *Havniæ*, 1811, in-4, br.

158. Révillout (Eug.). Etudes égyptologiques. Apocryphes coptes du Nouveau Testament. Textes, 1er fasc. — Chrestomathie démotique, fasc. 2, 3, 4. *Paris*, 1876-1880, 4 vol. in-4, autogr., br.

159. Révillout (Eug.). Nouvelle chrestomathie démotique, mission de 1878. Contrats de Berlin, Vienne, Leyde, etc. *Paris*, *Ernest Leroux*, 1878, in-4, autogr., br.

160. Révillout (Eug.). Papyrus coptes. Actes et contrats des musées égyptiens de Boulaq et du Louvre. 1er fascicule, textes et facsimile. *Paris*, 1876, in-4, autogr., br.

161. Kircheri (Athanasii). Lingua ægyptiaca restituta *Romæ*, 1644, in-4, veau rac.

162. Rudimenta linguæ copticæ sive ægyptiacæ ad usum collegii urbani de propaganda fide. *Romæ*, 1778, in-4, cart., non rogné.

163. Schwartze (M.-G.). Koptische grammatik hrsgbn, von H. Steinthal. *Berlin*, 1850, in-8, veau plein.

164. Tattam (H.) Lexicon ægyptiaco-latinum. *Oxonii*, 1835, in-8, dem.-mar.

165. Peyron (A.). Grammatica linguæ copticæ accedunt addimenta ad lexicon copticum. *Taurini*, 1841, in-8, br.

166. Peyron (A.). Lexicon linguæ copticæ. *Taurini*, 1835, in-4 à 2 col., cart. toile.

167. Parthey (G.). Vocabularium coptico-latinum et latino-copticum. *Berolini*, 1844, in-8, cart.

168. Catalogus codicum copticorum manuscriptorum qui in museo borgiano Velitris adservantur. Auctore G. Zœga Dano. *Romæ*, 1810, in-folio, 7 planches, d.-m.

169. Ægyptiorum codicum reliquiæ Venetiis in bibliotheca Naniana asservatæ. *Bononiæ*, 1785, 2 parties en 1 vol. in-4, cart.

LANGUES SÉMITIQUES

170. Castelli. Lexicon heptaglotton, hebraicum, chaldaicum, syriacum, samaritanum, æthiopicum, arabicum, et persicum, separatim. Cui accessit brevis, et harmonica grammaticæ omnium præcedentium linguarum delineatio. *Londini*. 1669, gr. in-folio à 3 col., toile.

171. Gesenius (G.). Lexicon hebraicum et chaldaicum. *Lipsiæ*, 1833, in-8, d.-mar. noir.

172. LETHIERRY-BARROIS (Ad.). Hébreu primitif. Formation des lettres ou chiffres, signes du zodiaque et racines hébraïques avec leurs dérivés. *Paris*, 1867, in-4, br.

173. BUDDEI (J.-F.). Introductio ad historiam philosophiæ Ebræorum. *Halae Saxonum*, 1702, in-16, d.-v.

174. MICHAELIS (J.-D.). Grammatica syriaca. *Halæ*, 1784, pet. in-4, dos et coins veau.

175. VOGUÉ (Comte Melchior de). Syrie centrale. Inscriptions sémitiques publiées avec traduction et commentaire. *Paris*, 1868-77, 1 vol. en 2 fasc. in-8, 38 planches et fig., br.

176. Chrestomathies orientales. Relation de l'ambassade de Mohammed Effendi. — Vie de Djenghizkan par Mirkond. — Histoire des sultans du Kharezm par Mirkond. — Chrestomathie en turc oriental contenant plusieurs ouvrages de l'émir Ali-Schir, etc., fasc. 1. — Chrestomathie hindoustani. — Lettres et pièces diplomatiques en malay. — Extraits du roman d'Antar. *Paris*, 1841-45, 9 vol. et br. in-8.

177. GARCIN DE TASSY. Rhétorique et prosodie des langues de l'Orient musulman. 2e édit. *Paris*, 1873, in-8, br.

ARABE. — PERSAN. — TURC

178. Corani textus arabicus edidit G. Flügel. *Lipsiæ*, 1834, in-4, cart.

179. Concordantiæ Corani arabicæ, ed. G. Flügel. *Lipsiæ*, 1842, in-4, cart.

180. The Koran, translated from the arabic by George Sale. New ed. *London*, 1838, in-8, carte et pl., perc.

181. BEIDHAWII. Commentarius in Coranum ex cod. parisiensibus, dresdensibus et lipsiensibus edidit H. O. Fleischer. Tome I (complet en 4 livraisons) et tome II, livraison 1 (p. 1-160). *Lipsiæ*, 1844-47, 5 vol. in-4, br.

182. As-Sojutii liber de nominibus relativis. Edidit P. J. Veth. *Lugd. Batav.*, 1840. Pars reliquia. edidit P. J. Veth., 1842. Ens. 2 vol. in-4, br.

183. SAVARY. Grammaire arabe. *Paris*, *Imp. Imp.*, 1813, in-4, br.

184. EWALD (G. H. A.). Grammatica critica linguæ arabicæ. *Lipsiæ*, 1831-33, 2 vol. in-8, 1 pl., br.

185. MENINSKI. Lexicon arabico-persico-turcicum. Nunc secundis curis recognitum et auctum. *Viennæ*, 1780, 4 vol. in-folio à 2 col., d. toile.

186. FREYTAG (G. W.). Lexicon arabico-latinum. *Halis Saxonum*, 1830-1837, 4 tomes en 2 vol. in-4 à 2 col., dem.-maroq. n.

187. Dozy (R. P. A.). Dictionnaire détaillé des noms de vêtements chez les Arabes. *Amsterdam*, 1845, in-8, br.

188. Schiaparelli (C.). Vocabulista in Arabico. *Firenze*, 1871, gr. in-8, cart.

189. Definitiones viri meritissimi Sejjid Scherif Dschordschani, etc., edidit G. Flügel. *Lipsiæ*, 1845, in-8, br.

190. Les Séances de Hariri, avec un commentaire par S. de Sacy. 2ᵉ édition publiée par Reinaud et Derenbourg. *Paris*, 1847, 4 v. in-4, br.

191. Ibn-Badroun. Commentaire historique sur le poème d'Ibn-Abdoun, publié avec introduction, notes, glossaire et index, par R. P. A. Dozy. *Leyde*, 1848, in-8, br.

192. Tarafæ Moallaca cum Zuzenii scholiis, edidit et latine vertit J. Vullers. *Bonnæ*, 1829, in-4, br.

193. Histoire de l'Afrique et de l'Espagne, intitulée Al-Bayano 'l-Mogrib par Ibn-Adhari (de Maroc) et fragments de la chronique d'Arib (de Cordoue). Publié avec une introduction, des notes et un glossaire par R. Dozy. *Leyde*, 1848-1851, 2 vol. in-8, br.

194. The history of the Almohades by Abdol Wahid Al-Marrekoshi, edited by R. P. A. Dozy. *Leyden*, 1847, in-8, br.

195. Abul Mahasin ibn Tagri Bardii, annales arabice editi. Tomi I partem priorem ed. Juynboll et Matthes. *Lugd. Batav.*, 1852, in-8, br.

196. Al-Makkari. Analectes sur l'histoire et la littérature des Arabes d'Espagne, publiés par R. Dozy, Dugat, Krehl et Wright. *Leyde*, 1855-1861, 2 tomes en 5 vol. in-4, br.

197. Vita et res gestæ sultani Saladini, auctore Bohadino F. Sjeddadi. Edidit et latine vertit A. Schultens. *Lugd. Batav.*, 1755, in-folio à 2 col., dem.-basane.

198. Ibn-el-Athiri. Chronicon quod perfectissimum inscribitur. Volumen XII idemque ultimum, annos h. 584-628 continens edidit C. J. Tornberg. *Upsaliæ*, 1853, in-8, dem.-mar. violet.

199. Ibn-Khaldoun. Histoire des Berbères et des dynasties musulmanes de l'Afrique septentrionale. Texte arabe publié par le baron de Slane. *Alger*, 1847-1851, 2 vol. in-4, br.

200. Ibn-Khaldoun. Les Prolégomènes traduits en français et commentés par de Slane. Iʳᵉ partie. *Paris, Imp. Imp.*, 1863, in-4, br.

201. Macrizi's geschichte der Copten mit Uebersetzung F. von Wüstenfeld. *Gœttingen*, 1845, in-4, br.

202. Scriptorum arabum loci de Abbadidis editi R. P. A. Dozy. *Lugd. Batav.*, 1846-52, 2 vol. in-4, br.

203. Scriptorum Arabum de Rebus Indicis locis et opuscula inedita recensuit et illustravit J. Gildemeister. Fasciculus primus. *Bonnæ*, 1838, in-8, br.

204. Abulfedæ tabulæ quædam geographicæ. Arabice edidit et latine vertit H. F. Wüstenfeld. *Gœttingæ*, 1835, in-8, d.-veau.

205. Aboulféda. Géographie. Texte arabe, pub. p. Reinaud et Mac Guckin de Slane. *Paris*, 1840, d.-m. n.

206. Aboulféda. Géographie, trad. de l'arabe en français et annotée par Reinaud, tome I et tome II, 1re partie. *Paris*, 1848, 2 vol. in-4, pl., br.

207. Edrisi. Géographie, traduite de l'arabe et annotée par Amédée Jaubert. *Paris, Imp. Royale*, 1836-40, 2 vol. in-4, pl., br.

208. The Travels of Ibn Batuta translated from abridged arabic manuscript copies. By the Rev. Samuel Lee. *London*, 1829, in-4, br.

209. Viagens extensas e dilatadas do celebre arabe Abu-Abdallah, mais conhecido pelo nome de Ben-Batuta. Traduzidas por Jose de santo Antonio Moura. Tome I (seul paru) *Lisboa*, 1840, petit in-4, br.

210. Ibn-Jubair. Travels edited by William Wright. *Leyden*, 1852, in-8, br.

211. Lexicon geographicum nunc primum arabice edidit T. G. J. Juynboll. *Lugd, Batav.*, 1852-53, 2 vol, in-8, d.-mar. noir.

212. Jacut's Moschtarik, das ist: Lexicon geographischer Homonyme Hrsgbn. von F. Wüstenfeld. *Gœttingen*, 1846, in-8, br.

213. Langlois (V.). Numismatique des Arabes avant l'islamisme. *Paris*, 1859, in-4, 4 pl., br.

214. L'Algèbre d'Omar Alkhayyami publiée et traduite par F. Wœpcke. *Paris*, 1851, gr. in-8, br.

215. Oloug-Beg. Prolégomènes des tables astronomiques publiés, traduits et ann. par A. Sédillot. Paris, 1847-53, 2 vol. in-8, br.

216. Pihan (A.-P.). Exposé des signes de numération usités chez les peuples orientaux anciens et modernes. *Paris, Imp. Imp.*, 1860, in-8, br.

217. El-Cazwini's (Zakarija ben Muhammed ben Mahmud) Kosmographie. I. Theil : die Wunder der Schœpfung. — II. Theil : die Denkmæler der Lænder. Hrsgbn. von F. Wüstenfeld. *Gœttingen*, 1848-49, 2 vol. in-8, br.

218. Johnson (Francis). A dictionary persian, arabic and english. *London*, 1852, in-8 à 3 col., parch.

219. Manuel de la langue perse, en russe, par V. Johannissanz. *Moscou*, 1855, in-8, cart.

220. Le Gulistan de Saadi traduit en russe par O. Nazarianza. *Moscou*, 1857, in-8, br.

221. Barbier de Meynard. Dictionnaire géographique, historique et littéraire de la Perse. *Paris, Imp. Imp.*, 1861, gr. in-8, br.

222. Mirchondi. Historia Gasnevidarum, persice. Edidit et latine vertit Fr. Wilken. *Berolini*, 1832, in-4, d.-v.

223. Historia priorum Regum Persarum post firmatum in regno islamismum. Ex Mohammede Mirchond persice et latine cum notis geographico literariis. *Viennæ*, 1782, in-4, br.

224. Schwab (M.). Bibliographie de la Perse. *Paris*, 1876, in 8, br.

---

225. Lumley Davids (A.). A grammar of the turkish language, with a vocabulary dialogues, etc. *London*. 1832, in-4, cart.

226. Pavet de Courteille. Dictionnaire turk-oriental. *Paris*, *Imp. Imp.*, 1878, gr. in-8, br.

GRAMMAIRE COMPARÉE. — LANGUES DE LA PERSE ANCIENNE, DE L'INDE, DE LA CHINE, ET DE L'INDO-CHINE.

227. Bopp (Franz). Vergleichende Grammatik des sanskrit, send, armenischen, griechischen, lateinischen, litauischen, altslavischen, gothischen und deutschen. 2° Aufl. *Berlin*, 1857-61, 3 vol. in-8, broché.

228. Pott (A. Fr.). Etymologische Forschungen auf dem gebiete der Indo-Germanischen Sprachen. *Detmold*, 1859-1867, 3 tomes en 4 vol. in-8, br.

229. Schleicher (Auguste). Compendium der vergleichenden grammatik der indogermanischen Sprachen. *Weimar*, 1862, un tome en 2 vol. in-8, br.

229 *bis* — Le même ouvrage, 2e édition, *Weimar*, 1866, in-8, br.

230. Justi (F.). Handbuch der Zendsprache. *Leipzig*, 1864, gr. in-8, br.

231. Decem Sendavestæ excerpta, latine vertit, textum recensui Cajetanus Kossowicz. *Parisiis*, 1865, in-8, br.

232. Burnouf (Eugène). Commentaire sur le Yaçna, l'un des livres religieux des Parses. Texte zend expliqué avec les variantes et la version sanscrite de Nériosengh. Tome I (seul paru). *Paris*, *Imp. Royale*, 1833, in-4, d.-v.

233. Spiegel (Fr.). Grammatik der Huzvareschsprache. *Wien*, 1856, 2 in-8, br.

234. Spiegel (Fr.). Grammatik der altbaktrischen Sprache. *Leipzig*, 1867, in-8, br.

235. Spiegel (Fr.). Grammatik der altbaktrischen Sprache. *Leipzig*, 1867, in-8, br.

236. Senart (E.). Les Inscriptions de Piyadasi. Tome I : Les quatorze édits *Paris*, *Imp. Nat.*, 1881, in-8, pap. vergé, br.

237. Bopp (Fr.). Glossarium sanscritum. *Berolini*, 1847, in-4, à 2 col., br.

238. — Le même ouvrage. Editio tertia. *Berolini*, 1866, un vol. in-4 à 2 col., br. en 2 fasc.

239. Bopp (Fr.). Grammatica critica linguae sanscritæ. Altera editio *Berolini*, 1832, pet. in-4, d.-m.

240. Benfey (Théodor). Vollstændige grammatik der Sanskrit-sprache. *Leipzig*, 1852, gr. in-8, d.-m.

241. Benfey (Th.). A practical grammar of the sanskrit language. *Berlin*, 1863, in-8, br.

242. Lassen (Ch.). Anthologia sanscritica glossario instructa edid. J. Gildemeister. *Bonnæ*, 1865, in-8, br.

243. Rigveda-Sanhita, liber primus, sanskrite et latine, edidit Fr. Rosen. *London*, 1838, in-4, cart.

244. Garcin de Tassy. Rudiments de la langue hindoustani. *Paris*, 1829-33, in-4, br.

245. Garcin de Tassy. Chrestomathie hindie et hindoui. *Paris*, *Imp. Nat.*, 1848, in-8, br.

246. Œuvres de Wali, publiées en hindoustani par Garcin de Tassy. *Paris*, *Imp. Royale*. 1834, in-4, avec un fac-similé, br.

247. Csoma de Kœrœs. A grammar of the tibetan language, *Calcutta*, 1834, in-4, br.

248. Csoma de Kœrœs. A dictionary tibetan and english. *Calcutta*, 1834, in-4 à 2 col., br.

249. Foucaux (Ph. E.). Grammaire de la langue tibétaine. *Paris*, *Imp. Imp.*, 1858, in-8, br.

250. Rgya tcher rol pa ou développement des jeux contenant l'histoire du bouddha Çakya-Mouni, traduit sur la version tibétaine par Ph.-Ed. Foucaux. *Paris*, *Imp. Nat.*, 1848, 2 vol. in-4, papier vergé, br.

251. Julien (Stanislas). Méthode pour déchiffrer et transcrire les noms sanscrits qui se rencontrent dans les livres chinois. *Paris*, 1861, in-8, br.

252. Bazin (A.). Grammaire mandarine ou principes de la langue chinoise parlée. *Paris*, *Imp. Imp.*, 1856, in-8, br.

253. Kleczkowski. Cours graduel et complet de chinois parlé et écrit. Volume I : Phrases de la langue parlée, tirées de l'*Arte China*, du P. Gonçalves. *Paris*, 1876, gr. in-8, br.

254. Schmidt (I.-J.). Grammatik der mongolischen Sprache. *Saint-Petersburg*, 1831, in-4, pl., br.

255. Schmidt (I.-J.). Mongolisch-deutsch-russisches Worterbuch. *Saint-Petersburg*, 1835, in-4 à 3 col., br.

256. Des Michels (Abel). Chrestomathie cochinchinoise. Fasc. 1, *Paris*, 1872, in-8, br.

257. Judson (A.). Grammaire birmane, traduite de l'anglais par L. Vossion. *Rangoon*, 1878, in-8, br.

258. Interpretatio catechismi pro Barmanis cui Barmana lingua titulus est Liber, quo modus traditur cuilibet nationi servandus, juxta Dei revelationem, ac legem. — Catechismus pro Barmanis. *Romæ*, 1785-86, 2 tomes en 1 vol. in-8, br.

259. Pallegoix (J.-B.). Grammatica linguæ thai. *Bangkok*, 1850, in-4, demi-v.

260. Low (James). A grammar of the thai or siamese language. *Calcutta*, 1828, in-4, demi-perc.

MALAIS ET JAVANAIS

261. Vetus et Novum Testamentum, malaïce edidit Joannes Willmet. *Harlemi*, 1824, in-8, bas.

262. De Boeken des Ouden Verbonds in de javaansche taal. I, van Genesis tot Rigteren. II. van Ruth tot Job. III, van De Psalmen tot Maleachi. *Gravenhage*, 1854, 3 vol. in-8, perc.

263. Nouveau Testament en javanais. Gr. in-8, perc.

264. Colloquia latino-malaica, seu vulgares quædam loquendi formulæ, latina, malaica et madagascarica linguis, in gratiam eorum, qui navigationem forte in Orientalem Indiam suscepturi sunt, conscriptæ. Studio et opera M. Gotardi Arthusii. *Francofurti*, 1613, in-folio à 2 col., demi-perc.

265. Haex (Davidis). Dictionarium malaico-latinum et latino-malaicum. *Romæ*, 1631, pet. in-4, parch.

266. Marsden (W.). A grammar of the malayan language. *London*, 1812, in-4, demi-perc.

267. Werndly (G.-H.). Maleische Spraakkunst. Herzien en uitgegegeven door G. van Angelbeek. *Batavia*, 1826, in-4, cart.

268. Roorda van Eysinga. Maleisthe Spraakkunst. *Breda*, 1839. — Nieuwe Maleische Spraakkunst. *Nieuwediep*, 1856. — Handboek der maleische Taal. *Breda*, 1840 — Prœve van javaansche poëzie. — Isma Tatim, texte malais, et autres ouvrages. Ens. 8 vol. et broch.

269. Crawfurd. Malay grammar and dictionary. *London*, 1852, 2 vol. in-8, perc.

270. Hollander. Manuel de malais et de javanais (en hollandais.) *Breda*, 1845-48, 2 vol. in-12, cart. — Manuel de malais, 2e édit. *Breda*, 1856, in-12, cart., et autres ouvrages du même auteur. Ens. 8 vol.

271. Favre (l'abbé P.). Grammaire de la langue malaise. *Vienne*, 1876, in-8, br.

272. De Clercq. Het maleisch der Molukken. *Batavia*, 1876, pet. in-4, br.

273. Maleische Woord-boek-sameling. Woord book duitsch maleisch en maleisch duitch. *Batavia*, 1706. — Dictionarium malaico-latinum et latino-malaicum opera et studio Davidis Haex. *Bataviæ*, 1707. — Dictionarium ofte woord ende spraeck-boeck, inde duytsche ende maleysche tale. *Batavia*, 1707. Le tout en 1 vol. pet. in-4, dos et coins, veau.

274. Howison (James). A dictionary of the malay tongue, in two parts, english and malay, and malay and english. *London*, 1801, in-4 à 2 col., carte, bas.

275. Marsden. A dictionary, english and malayan. In-4, à 2 col., br.

Manque le titre.

276. Dictionnaire malai, hollandais et français, par C.-P.-J. Elout; traduit du dictionnaire malai et anglais de W. Marsden. *Harlem*, 1825, in-4 à 2 col., demi-mar.

Notes marginales.

277. Gericke (J.-F.-C.). Dictionnaire javanais-hollandais. Revu par T. Roorda. *Amsterdam*, 1847, gr. in-8, dem.-mar. noir.

278. Favre (L'abbé P.). Dictionnaire français-malais. *Vienne*, 1880, 2 vol. in-8 à 2 col., br.

279. Malay annals translated from the malay by J. Leyden. *London*, 1821, in-8, cart.

280. De Kroon aller Koningen, van Bochârie van Djôhor, naar een oud Maleisch Handschrift vertaald door P.-P. Roorda van Eijsinga. *Batavia*, 1827, in-4, cart., non rogné.

Malais et hollandais.

280 *bis*. Le même ouvrage, dos et coins basane.

281. Memoirs of a malayan family, written by themselves, and translated from the original by W. Marsden. *London*, 1830, in-8, perc.

282. Bahwa ini Kesah Pu-Layar-an Abdullah. (Relation du voyage d'Abdallah.) *Singapura*, 1838, in-8, dos et coins mar.

283. Marsden. A brief memoir of the life and writings of the late William Marsden written by himself, with notes from his correspondence. *London*, 1838, in-4, perc.

284. Meursinge. Maleisch leesboek. *Leyden*, 1842-45, 2 part., in 8, br.

285. Geschiedenis van Sri Rama, indisch heroïsch Dichtstuk, van Valmic, en naar eene maleische vertaling daarvan, in het maleisch, uitgegeven van P.-P. Roorda van Eysinga. *Amsterdam*, 1843, in-4, cart.

286. Roorda. Javaansche Wetten. *Amsterdam*, 1844. — Javaansche Brieven, Berigten, Verslagen, etc. *Amsterdam*, 1845. — Over de Deelen der Rede of logische analyse der Tal. *Leeuwarden*, 1852.

— Le même, 2e édition. — De Wajangverhalen van Pala-sara Pandœ en Raden Pandji. *Gravenhage*, 1869. — De Brata, Joeda, de Rama en de Ardjoena-Sasra. Drie javaansche Heldendichten. *Amsterdam*, 1845. — Javaansche Zamen-sprakem, 1845. — Geschiedenis van Sultan Ibrahim, uit het maleisch in javaansche overgebragt, 1843. — Ens. 8 vol. in-8, cart. et br.

287. Collection des principales chroniques malayes publiée par M. Ed. Dulaurier. *Paris, Imp. Nat.*, 1849, 2 vol. in-8, br.

288. Van der Tuuk Maleisch Leesbœk. *La Haye*, 1868, in 8, br. — La Genèse, en batak. *Amsterdam*, 1855, in-8, obl., cart. (2 exemp.). Ens. 3 vol.

289. Wall (H. von de). De vormveran deringen der maleische taal. *Batavia*, 1864, in-4, br.

290. Niemann. Bloemlezing uit maleische geschriften. *La Haye*, 1871, 2 vol. in-12, br.

291. Cohen Stuart (A.-B.). Kawi oorkonden in facsimile, met inleiding en transscriptie. *Leiden*. 1875, 1 vol. in-8 et 1 vol. de planches in-folio, br.

292. Meinsma. Babad Tanah Djawi, in proza. Javaansche geschiedenis loopende tot het jaar 1647, der javaansche jaartelling, met aanteekeningen. *Gravenhage*, 1874-77, 2 vol. in-8, br.

293. Textes malais et ouvrages relatifs aux Indes néerlandaises. 24 vol. et broch.

294. Raffles. History of Java. *London*, 1817, 2 vol in-4, carte et planches noires et color., cart.

295. Newbold. (T.-J.). Political and statistical account of the british settlements in the straits of Malacca. *London*, 1839, 2 vol. in-8. cartes et pl., perc.

296. Roorda van Eysinga. Handboek der Land-en Volkenkunde, Geschied-, Tall-, Aardrijks- en Staatkunde van Nederlandsch Indie. *Amsterdam*, 1841-1850, 3 tomes en 4 vol. in-8, dont 3 dos et coins bas. et 1 br.

297. Roorda van Eysinga. Aardrijksbeschrijving van Nederlandsch Indië. *Breda*, 1838, in-8. bas., tranches dorées.

Manque une carte.

298. Rosenberg (C.-B.-H. von). Reistochten naar de Geelvinkbaai of Nieuw-Guinea in 1869-70. *Sgravenhage*, 1875, in-4, 20 planches noires et color., cart.

299. Verken van het koninklijk Instituut voor taal-, land-en volkenkunde van Nederlandsch Indië. Tweede Afdeeling : Afzonderlijke Werken. *Amsterdam*, 1857-68, 6 vol. in-8, grav. et planches color., cart.

S. Müller, voyage dans l'archipel indien. I et II. — Le livre d'Adji-Saka p. p. Gaal et Roorda avec un vocabulaire javanais. — Voyage de Vries au Japon en 1643. — Reis naar de Zuidoostereilanden door C. von Rosenberg. — Voyage de Reinwardt dans l'archipel indien en 1821.

300. Jaarboek van de K. Akademie van wetenschappen. *Amsterdam*, 1868, in-8. — Verslagen en mededeelingen der K. Akademie van wetenschappen. Afdg. Natuurkunde II. 3. *Amsterdam*, 1869, in-8, planches. — Verhandlingen der K. Akademie van wetenschappen. Afdg. Letterkunde IV. *Amsterdam*, 1869, in-4, plan. — Ensemble 3 vol. cart.

301. Tijdschrift voor indische taal-, land-en volkenkunde, uitgegeven door het Bataviaasch Genootschap van kunsten en wetenschappen. Tomes I-VI (1852-57) ; XIII à XXIII (1863-1876) ; XXIV n° 1 à 5, XXV nos 1 à 3, XXVI n° 2 à 4 (1876-80). *Batavia*, 1852-80, in-8, planches, en livraisons.

Manque tome XXI, n° 1 et quelques numéros doubles.

302. Bijdragen tot de taal- land- en volkenkunde van Nederlandsch Indië. 1re série, tomes I à IV. — 2e série. I; II, 1 à 3; III 2; IV, 1 à 3; VI, 3 à 6; VII, 1, 2, 5. — 3e série. I à VII; VIII, 1, 2; IX; X, 2, 3; XI, 1, 2. — 4e série I, 1, 2; II, 2, 3; III, 1, 2 et IV. *Amsterdam et Gravenhague*, 1852-1880, in-8, carte et planches, en livraisons.

Il y a 2 exempl. des nos 1 et 2 du tome I (1re série).

303. Tijdschrift voor nederlandsch Indië. Années I à IX et X, nos 1 à 3 (1838-48) XI à XVIII et XIX, nos 1 à 5 (1849-57) *Batavia*, 1838-57, gr. et pet. in-8, carte et planches, en livraisons.

Manque : 1846, n° 4.

Il y a deux exemplaires de 1842, n° 12.

304. Notulen van de Algemeene en Bestuurs-Vergaderingen van het Bataviaasch Genootschap van Kunsten en Wetenschappen. Tomes I à XVII et XVIII, 1-3. *Batavia*, 1863-80, en livraisons in-8.

Manque : XI, n° 2 ; XV, 2 à 4 ; XVII 2 et suivants. 8 fascicules en double).

305. Verhandlingen van het Bataviaasch genootschap van Kunsten en Wetenschappen. Tomes I à XV (1814-33), XVIII à XXI (1842-47) ; tomes XXII à XXVI (1849-57), XXX à XL et XLI, 1 et 2 (1863-1883). *Batavia*, 1814-80, 21 vol. in-8 et 20 tomes in-4 en volumes et en livraisons, planches, br. et cart.

Les 15 premiers volumes in-8 ont été détériorés par l'eau de mer. Doubles : Tome XXI, 2e partie : tomes XXX à XXXIII et XLI, n° 1.

306. Het bataviaasch genootschap van Kunsten en wetenschappen gedurende de eerste eeuw van zijn bestaan 1778-1878. Gedenkboek. *Batavia*, s. d., gr. in-4, photogravures, cart.

LANGUES POLYNÉSIENNES ET AUTRES

307. Bible en tahitien (Ancien et Nouveau Testament). *Londres*, 1841, in-8, bas. gaufrée.

308. La Bible en langue de Bornéo. Edition de la société biblique néerlandaise. 1858, 3 vol. in-8, perc.

309. Nouveau Testament et Psaumes en madécasse, 2 vol. in-16, bas.

310. Nouveau Testament en raro-tonga. — Evangiles en néo-zélandais. — Pentateuque et livre de Josué en néo-zélandais. — Koe tohi oe Fuakava Foou. 4 vol. in-12, bas et perc.

311. Evangelie van Johannes in het tobasch door H. N. v. der Tuuk. — Ai vola ni veivalavalati vou ni noda turaga Kei na nodai vakabula ko Jisu Kraisiti. — Évangile selon saint Mathieu en langue hawaï. — Indjilu-Ikhudus Xisaj Elmesehh. *Dibendar Harlem*, 1823. Ens. 4 vol. in-8 et in-16, dont 1 br. et 3 rel.

312. Williams (W.). A dictionary of the new zealand language, with a concise grammar, 2e éd. *London*, 1852, in-8, perc.

313. Mosblech (B.). Vocabulaire océanien-français et français-océanien des dialectes parlés aux îles Marquises, Sandwich, Gambier, etc. *Paris*, 1843, in-16, veau plein.

314. Buschmann. Aperçu de la langue des îles Marquises et de la langue taïtienne. Accompagné d'un vocabulaire taïtien par G. de Humboldt. *Berlin*, 1843, in-8, d.-v.

315. Grammar of the tahitian dialect of the polynesian language. *Tahiti*, 1823, in-16, perc.

316. Gaussin. Du dialecte de Tahiti, des îles Marquises, et, en général, de la langue polynésienne. *Paris*, 1853, in-8, br.

317 Outlines of a grammar, vocabulary and phraseology of the aboriginal language of South Australia by Teichelmann and Schürmann. *Adelaïde*, 1840, in-8, br.

318. Voyage de découvertes de l'Astrolabe pendant les années 1826 à 1829. Philologie par M. d'Urville. *Paris*, 1833-34, 2 vol. in-8, cart.

319. Hale (Horatio). Ethnography and philology. *Philadelphia*, 1846, in-4, 2 cartes, perc.

United states exploring expedition. vol. VIII. Ce volume comprend : Polynesian grammar and dictionary, vitian dictionary, etc.

320. Moor (J. H.). Notices of the indian archipelago and adjacent countries. *Singapore*, 1837, in-4, 6 cartes, d.-toile.

321. Dunmore Lang (J.). View of the origin and migrations of the polynesian nation. *London*, 1834, in-8, d.-perc.

322. Martin (John). An account of the natives of the Tonga islands. *London*, 1818, 2 vol. in-8, carte et grav., d.-toile.

323. Beeckman (Daniel). A voyage to and from the island of Borneo in the East-Indies. *London*, 1718, in-16, grav. et cartes, veau.

324. Jackson Jarves (James). History of the hawaiian or Sandwich islands. *London*, 1843, in-16, perc.

325. Robidé van der Aa. Reizen naar Nederlandsch Nieuw-Guinea in de jaren 1871, 1872, 1875-76, door de Heeren P. van der Crab en Teysmann, Coorengel en Langeveldt van Hemert en Swaan. *Sgravenhage*, 1879, in-8, br., cartes.

326. Mémoires de la Société ethnologique. Tome I. *Paris*, 1841, in-8, carte, br.

327. BUSCHMANN. Der athapaskische sprachstamm. *Berlin*, 1856, in-4, cart.

328. SCHIEFNER (A.). Die Thusch-Sprache, Die Sprache der Uden. — Sur les récents travaux de linguistique, de M. le baron Uslar. — Bericht über des baron von Uslar Abchasische Studien. *Saint-Pétersbourg*, 1856-1863, 4 vol. in-4, br.

LANGUES EUROPÉENNES

Grec, Latin, Français, Anglais, Basque, etc.

329. Les Papyrus grecs du Musée du Louvre et de la Bibliothèque impériale. — Publication préparée par Letronne et exécutée par W. Brunet de Presle et E. Egger. *Paris, Imp. Imp.*, 1866, in-4, fig., br.

330. PAPE (W.). Woerterbuch der griechischen Eigennamen. 3e Auflage neu bearbeitet von G. E. Benseler. *Braunschweig*, 1863-70, un tome en 4 vol. in-8, br.

331. PLUTARQUE. Œuvres. Les œuvres morales et philosophiques. — Les vies des hommes illustres grecs et romains, translatées en françois par messire Jacques Amyot. *Paris*, 1618-19, 2 vol. in-folio, titre rouge et noir, frontisp., portraits, d.-v.

332. Plutarchi chaeronensis quæ exstant omnia, cum latina interpretatione Hermanni Cruserii, Gulielmi Xylandri, et notis, etc. *Francofurti*, 1599, 2 vol. in-folio, à 2 col., d.-v.

333. Luciani Samosatensis philosophi opera omnia quæ extant cum latina interpretatione. J. Bourdelotius edidit. *Lutetiæ Paris*. 1615, in-folio à 2 col., veau.

334. DU CANGE. Glossarium mediæ et infimæ latinitatis, cum supplementis D. P. Carpenterii, digessit Henschel. *Paris, Didot*, 1840-50, 7 vol. in-4, br., pl.

335. CORSSEN (W.). Kritische Beitraege zur lateinischen Formenlehre. *Leipzig*, 1863, in-8, br.

336. BRÉAL (Michel). Les tables eugubines, texte, traduction et commentaire. *Paris*, 1875, 2 vol. in-8, br. et 1 album, in-4 de 13 planches en héliogravure, br.

337. ZELL (Carl). Handbuch der roemischen Epigraphik. I Theil : Auswahl roemischer Inschriften. — II Theil : Anleitung zur Kenntniss der roemischen Inschriften. — Leges municipales, Salpensana et Malacitana, aliaque supplementa. *Heidelberg*, 1850-57, 2 vol. in-8, d.-veau, et une br. in-8.

338. Inscriptionum latinarum selectarum amplissima collectio ad illustrandam romanæ antiquitatis disciplinam accomodata. Edidit J. C. Orellius, vol. III, collectionis orellianæ supplementa edidit G. Henzen. *Turici*, 1828-56, 3 vol. in-8, br.

339. Corpus inscriptionum latinarum. Volumen I; inscriptiones latinæ antiquissimæ ad C. Cæsaris mortem, edidit Th. Mommsen. *Berolini*, 1863, in-folio, planches et fig., d.-toile.

340. Antiquæ inscriptiones quum græcæ, tum latinæ, olim a Marquardo Guido collectæ; nuper a I. Koolio digestæ hortatu consilioque I. G. Grævii; nunc a Fr. Hesselio editæ cum adnotationibus eorum. *Leovardiæ*, 1731, in-folio, frontisp., fig., encadr., parchemin.

341. Paris (Gaston). Étude sur le rôle de l'accent latin dans la langue française. *Paris*, 1862, in-8, br.

342. Raynouard. Lexique roman ou dictionnaire de la langue des troubadours comparée avec les autres langues de l'Europe latine. *Paris*, 1844, 6 vol. in-8 à 2 col., br.

343. Diez. Etymologisches Wœrterbuch der romanischen sprachen. 4e Ausg. mit einem Anhang von A. Scheler. *Bonn*, 1878, gr. in-8, d.-perc. — Index zu Diez' Etymologisches Wœrterbuch von J. Urban-Jarnik. *Berlin*, 1878, in-8, br. — Ens. 2 vol.

344. Zeuss (J.-C.). Grammatica celtica. *Lipsiæ*, 1853, 2 vol. in-8, broché.

345. Burguy (G.-F.). Grammaire de la langue d'oïl suivie d'un glossaire. *Berlin*, 1853-56, 3 vol. in-8, br.

346. Couzinié (J.-P.). Dictionnaire de la langue romano-castraise et des contrées limitrophes. *Castres*, 1850, gr. in-8 à 2 col., br.

347. Vayssier. Dictionnaire patois-français du département de l'Aveyron. *Rodez*, 1879, gr. in-8 à 2 col., br.

348. Las flors del gay saber. Les fleurs du gai savoir, autrement dites lois d'amour, traduction de MM. d'Aguilar et d'Escouloubre, revue par Gatien-Arnoult. Tome I. *Paris et Toulouse*, s. d., gr. in-8, fac-similé en chromolith., br.

349. Diccionario de la lengua castellana compuesto por la real academia española. 2a edicion. *Madrid*, 1783, in-folio à 3 col., veau. Reliure déchirée.

350. Trinchera (F.). Vocabolario della lingua italiana. *Milano, s. d.*, in-8, demi-maroq. noir.

351. Dizionari. parmigiano-italiano di Ilario Peschieri. *Parma*, 1836-41, 2 tomes en 1 vol. in-8, d.-perc.

352. Opere di Niccolo Machiavelli, cittadino e segretario fiorentino. *Italia, s. l.*, 1819, 11 vol. in-16, br.

353. Fœrstemann (Ernst). Altdeutsches Namenbuch. *Nordhausen*, 1856, 2 vol. in-4 à 2 col., br.

354. Halma (François). Dictionnaire flamand-français (4e édition) et français-flamand 5e édition. *Leide*, 1761-78, 2 vol. in-4 à 3 col., frontisp., dem.-bas.

355. Ludwig's (C.). Teutschenglisches Lexikon. *Leipzig*, 1879, in-4 à 2 col., dem.-parch.

356. JOHNSON (Samuel). A dictionary of the english language. *London*, 1840, gr. in-8 à 3 col., portrait, veau plein.

357. WORKS OF SHAKSPEARE. *London*, 1836, gr. in-8 à 2 col., portrait, perc.

358. The novels of sir Walter Scott. New edition in 5 vol. with notes historical and illustrative. *Paris*, *Galignani*, 5 vol. in-8 à 2 col., portrait, br.

359. The complete works of lord Byron. *Paris*, 1838, gr. in-8, portrait, br.

360. ROBERSTON'S (Williams). Works. *London*, 1837, gr. in-8, à 2 col., portrait, perc.

The world at the appearance of Christ. History of Scotland. A view of the state of Europe Charles V. History of America. Disquisition on ancient India, etc.

361. BLADÉ (J.-F.). Etudes sur l'origine des Basques. — Défenses des études sur l'origine des Basques. — Examen critique des études sur l'origine des Basques. *Paris*, 1869, 1 vol. in-8, br. et 2 brochures in-8.

362. HUMBOLDT (G. de). Recherches sur les habitants primitifs de l'Espagne à l'aide de la langue basque. Traduit de l'allemand par A. Marrast. *Paris*, 1866, in-8, br.

363. LÉCLUSE (F.). Grammaire basque. *Toulouse*, 1826, in-8, br.

364. URIZAR Y MOYA. De l'Esquère et de ses erdères, ou de la langue basque et de ses dérivées. *Paris*, 1841-46, 5 tomes en 1 vol. in-8, dem.-parch.

365. Guipuzcoaco dantza gogoangarrien condaira edo historia.... beraren eguillea D. J. Ignacio de Iztueta. *Donostian*, 1824, in-8, br.

LANGUES SLAVES

366. Bible en slavon. Caractères cyrilliques, 5 forts vol. in-8, br.

367. Evangile de saint Mathieu, en slavon. In-16, bas.

368. Evangéliaire d'Ostromir, de l'année 1056-57, publié avec addition du texte grec et des explications grammaticales, par A. Vostokoff. *Saint-Pétersbourg*, 1843, in-4 à 2 col., planches, br.

369. La Bible, en polonais, en wende et en tchèque. *Berlin*, 1858-60, 3 vol. in-8, perc.

370. Nouveau Testament, en bulgare. — Nouveau testament, en roumain. — Nouveau Testament et Psaumes, en lithuanien. 3 vol. in-8, perc. et bas.

371. Livres d'église. Vie des saints et offices pour les douze mois de l'année, en caractères cyrilliques. 12 vol. in fol, dem.-r.

372. Livres liturgiques avec les offices des douze mois de l'année, en caractères cyrilliques. 4 vol. in-folio, dem.-rel.

373. KELSIEF. Recueil de documents officiels sur les dissidents russes. *Londres*, 1860-62, 4 vol. in-8, br.

374. KULCZYNSKI (I.). Specimen ecclesiæ ruthenicæ. *Parisiis*, *s. d.*, in-8, br.

375. VOSTOKOF. Dictionnaire du slavon liturgique. *Saint-Pétersbourg*, 1858-61, 2 vol. — Supplément et tome II, double. — Ens. 4 vol. in-4, br.

376. MIKLOSICH (F.). Lexicon linguæ slovenicæ veteris dialecti. *Vindobonæ*, 1850, in-4, br.

377. Monumenta linguæ palæoslovenicæ e cod. suprasliensi. Edidit F. Miklosich. *Vindobonæ*, 1851, in-8, br.

378. DOBROWSKY (J.). Institutiones linguæ slavicæ dialecti veteris. *Vindobonæ*, 1822, in-8, d.-veau.

379. Dictionnaire raisonné de la langue grand'russienne actuelle, par Dale. *Moscou*, 1863-65, 4 tomes en 2 vol. in-4, d.-perc.

380. NORDSTETOM (Ivan). Dictionnaire russe-allemand-français. *Saint-Pétersbourg*, 1780, 2 vol. in-4, veau rac.

381. Grammaire comparée de la langue russe, publiée par l'Académie des sciences de Saint-Pétersbourg. *Saint-Pétersbourg*, 1854, gr. in-8, br.

382. REIFF. Grammaire française-russe. 4e édition, pp. L. Léger. *Paris*, 1878, in-8, br.

383. Recueil des manuscrits russes publiés par la commission archéologique. *Saint-Pétersbourg*, 1846-59, 8 vol. in-4, planches, cart.

384. POGODIN. Nestor et les premiers manuscrits russes par Pogodin. *Moscou*, 1839, in-8, br.

En Russe.

385. Chronica Nestoris. Textum russico-slovenicum, edidit Fr. Miklosich. *Vindobona*, 1860, in-8, br.

386. TURGENEV (A.-I.). Historica russiæ monumenta, ex antiquis exterarum gentium archivis et bibliothecis deprompta. *Petropoli*, 1841-42, 2 vol. in-4 à 2 col., br.

387. Documents historiques publiés par la commission archéologique. Tomes I à V (1334-1700). *Saint Pétersbourg*, 1841-42, 5 vol. Index, 1843. — Documents recueillis dans les bibliothèques et archives de Russie, pub. par une mission archéologique, I à IV. *Saint-Pétersbourg*, 1836, 4 vol. — Travaux juridiques ou recueil de formules de l'ancien droit. *Saint-Pétersbourg*, 1838. — Index, 1840. — Ens. 12 vol. in-4, cart. et br.

388. Tablettes chronologiques, par Havsky. *Moscou*, 1848, dos et coins, mar.

En Russe.

389. Documents sur l'histoire de Russie. *Moscou*, 1838-43, 3 vol. in-4, br. (Tomes I et II, doubles). Ens. 5 vol.

En Russe.

390. Pogodin. Études sur l'histoire de Russie. *Moscou*, 1846-56, 7 vol. in-8, br. (En russe).

391 Karamzine. Histoire de Russie. *Saint-Pétersbourg*, 1851-53, 6 vol. in-12, carte, br. — Supplément. 1852-53, 4 vol. in-12, br. — Ens. 10 vol.

392. Annexion de la Laponie au royaume de Pierre le Grand ou le dernier Novik. — Roman historique de Ivan Lajetschnikoff. *Saint-Pétersbourg*, 1839, 4 tomes en 2 vol. in-12, dos et coins, mar.

393. Mission du clergé russe à Pékin. *Saint-Pétersbourg*, 1852-57, 3 vol. gr. in-8, br.

En Russe.

394. Œuvres complètes de Pouchkine avec un supplément bibliographique, par G. Gennady. *Saint-Pétersbourg*, 1859-60, 7 vol. in-8, br.

395. Lettres romaines, par Mouravieff. 2e éd. *Saint-Pétersbourg*, 1847, 3 vol. in-12, br.

En russe.

396. Almanach du Caucase, en russe. *Tiflis*, 1849, 52, 53, 54, 57, 5 vol. in-8, avec belles illustr. — Almanach russe. *Saint-Pétersbourg*, 1860-61, 2 vol. — Ens. 7 vol. reliés et brochés.

397. A complete dictionary english and polish, and polish and english. *Berlin*, 1849, gr. in-8, d.-m.

398. Miklosich (F.). Monumenta serbica spectantia historiam Serbiæ, Bosnæ, Ragusii. *Viennæ*, 1858, in-8, br.

399. Lexicon valachico-latino-hungarico-germanicum. *Budæ*, 1825, in-8, d.-m.

HISTOIRE

CHRONOLOGIE

400. Ægidii Bucherii Atrebatis e S. J. De doctrina temporum commentarius in Victorium Aquitanum nunc primum in lucem editum. *Antverpiæ*, 1634, in-folio, bas.

401. Sethi Calvisii Opus chronologicum ubi tempus astronomicum per motus et eclipses luminarium celestium, tanquam characteres infaillibiles Epocharum, ex fundamentis chronologicis demonstratur et applicatur. Editio quarta. *Francofurti et Embdæ*, 1650, in-folio à 2 col., parch.

402. Chronologiæ reformatæ et ad certas conclusiones redactæ tomi tres. Auctore J. Baptista Ricciolio. *Bononiæ*, 1669, 3 tomes en 1 vol. in-folio, à 2 col., bas.

403. Petavii (Dionysii). Rationarium temporum. *Lugd. Batav.*, 1724, 2 parties en 1 vol. in-8, vélin.

404. Petavii (Dionysii). Aurelianensis e S. J. de doctrina temporum. *Venetiis*, 1757, 3 vol. in-folio à 2 col., portrait, veau.

405. L'Art de vérifier les dates, par un religieux de la congrégation de Saint-Maur. Réimprimé par M. de Saint-Allais. *Paris*, 1818-19, 19 vol. in-8. — L'Art de vérifier les dates avant l'ère chrétienne. *Paris*, 1819, 5 vol. in-8. — Ens. 24 vol. in-8, d.-rel.

406. Ideler (L.). Handbuch der mathematischen und technischen Chronologie. *Berlin*, 1825-26, 2 vol. — Lehrbuch der Chronologie. *Berlin*, 1831. — Ens. 3 vol. in-8, br.

407. Dodwell (H.). De veteribus Graecorum Romanorumque cyclis, obiterque de cyclo Judaeorum aetate Christi, dissertationes decem cum tabulis, etc. *Oxonii*, 1701, in-4, vélin.

408. Boeckh (August). Ueber die vierjæhrigen Sonnenkreise der Alten, vorzüglich den Eudoxischen. *Berlin*, 1863, in-8, br.

409. Huschke (Ph.-E.). Das alte rœmische Jahr und seine Tage. *Breslau*, 1869, in-8, br.

410. Alexandri ab Alexandro jurisperiti Neapolitani, genialium dierum libri sex, cum integris commentariis A Tiraquelli, D. Gothofredi, Christophori, Coleri et Nic. Merceri. *Lugd. Batav.*, 1673, 2 vol. in-8, maroq. rouge doré.

411. De Saulcy. Recherches sur la chronologie des empires de Ninive, de Babylone et d'Ecbatane. *Paris*, 1849, in-8, br.

412. Desvignoles (Alphonse). Chronologie de l'histoire sainte et des histoires étrangères qui la concernent, depuis la sortie d'Egypte jusqu'à la captivité de Babylone. *Berlin*, 1738, 2 vol. in-4, portr. et cartes, br.

413. Greswell (Edw.). Origines kalendariæ hellenicæ, or, the history of the primitive calendar among the Greeks before and after the legislation of Solon. *Oxford*, 1862, 6 vol. in-8, perc.

414. Fasti attici in quibus archontum atheniensium series philosophorum, etc., por olympicos annos disposita describuntur. Auctore Eduardo Corsino. *Florentiæ*, 1744, in-4, veau.

415. Fynes Clinton (H.). Fasti hellenici. The civil and literary chronology of Greece, from the earliest accounts to the death of Augustus. *Oxford*, 1834-51, 3 vol. in-4, perc.

416. Greswell (E.). Origines kalendariæ italicæ. Nundinal calendars of ancient Italy, calendar of Romulus, Numa Pompilius, calendar of the decemvirs, irregular roman calendar and Julian correction, etc. *Oxford*, 1854, 4 vol. in 8, perc.

417. Fynes Clinton (H.). Fasti romani, the civil and literary chronology of Rome and Constantinople. *Oxford*, 1845-50, 2 vol. in-4, perc.

418. Jansonii (Th.). Ab Almeloveen. Fastorum Romanorum consularium libri duo. *Amstelædami*, 1740, in-8, parch.

419. Ptolémée. Table chronologique des règnes, prolongée jusqu'à la prise de Constantinople par les Turcs. Texte grec et traduction française, par l'abbé Halma. *Paris*, 1819, in-4, portr., tableaux. — Traité de géographie de Claude Ptolémée, texte grec et traduction française par l'abbé Halma. *Paris*, 1828, pl. Ens. 2 vol. in-4, br.

420. Mommsen (Th.). Die römische Chronologie bis auf Caesar. *Berlin*, 1858, in-16, br.

421. Muralt (E. de). Essai de chronographie byzantine de 395 à 1057. *Saint-Pétersbourg*, 1855, in-8, d.-m.

422. Critica historico-chronologica in universos annales ecclesiasticos Caesaris cardinalis Baronii. Auctore R. P. Antonio Pagi. Accedunt Catalogi decem veterum summorum pontificum hactenus inediti, studio et cura R. P. Fr. Pagi. *Antverpiæ*, 1705, 4 vol. in-folio à 2 col., portr., veau.

423. Martinov (Joannes). Annus ecclesiasticus graeco-slavicus editus anno millenario sanctorum Cyrilli et Methodii, seu commemoratio et breviarium rerum gestarum eorum qui fastis sacris graecis et slavicis illati sunt. *Bruxellis*. 1863, in-folio à 2 col., 12 pl., br.
(Mouillure à la marge des dernières planches.)

HISTOIRE GRECQUE ET ROMAINE

424. Fragmenta Historicorum graecorum collegit, disposuit, notis illustravit Carolus Mullerus. Accedunt addenda et indices. *Parisiis*, 1841-51, 4 vol. — Geographi graeci minores edidit Carolus Mullerus. Vol. I et tabulæ, pars prima. *Parisiis*, 1855, 2 vol. avec 29 cartes. Ens. 9 vol. gr. in-8, à 2 col., 29 cartes, perc.

425. Dionysii Halicarnassei scripta, quæ extant, omnia, et historica, et rhetorica ; cum latina versione, etc. Opera et studio Friderici Sylburgii Veterensis. *Lipsiæ*, 1691, 2 vol. in-fol., parch.

426. Caii Silii Italici Punicorum libri septemdecim e recensione A. Drakenborch curavit J.-P. Schmidius. *Mitaviæ*, 1775, in-8, br.

427. Dionis Cassii Romanorum historiarum libri XXV, ex Guilielmi Xylandri interpretatione. Excudebat H. Stephanus. 1592. — E Dione excerptæ historiæ ab Joanne Xiphilino. Ex interpretatione Guilielmi Blanci, a G. Xylandro recognita. 1592. — Les deux en 1 vol. in-fol., d.-v.

428. Crevier. Histoire des empereurs romains depuis Auguste jusqu'à Constantin. *Paris*, 1818-19, 6 vol. in-8, br.

429. Gibbon (E.). The history of the decline and fall of the Roman Empire. *London*, 1839, gr. in-8, portr., perc.

430. Mommsen (Th.). Res gestæ divi Augusti. Ex monumentis Ancyrano et Apolloniensi. *Berolini*, 1865, gr. in-8, 3 pl., br.

431. Discours politiques et militaires sur Corneille Tacite, traduits,

paraphrasez et augmentez par Laurens Melliet. *Rouen*, 1642, in-4. parch.

432. NOEL DES VERGERS. Essai sur Marc-Aurèle. *Paris*, 1860, in-8. br.

433. Recueil de diplômes militaires, publié par Léon Renier. 1re livraison. *Paris, Imp. Nat.*, 1876, in-4, 37 planches, br.

434. De notis Romanorum commentarius in quo earum interpretationes quotquot reperiri potuerunt collegit, litterarum ordine digessit Sertorius Ursatus. *Patavii*, 1672, in-folio à 2 col., bas.

HISTOIRE BYZANTINE. — HISTOIRE DES CROISADES

435. BYZANTINÆ HISTORIÆ SCRIPTORES græce et latine. *Venetiis*, 1729, 27 vol. in-folio, basane, avec planches.

436. Corpus scriptorum historiæ byzantinæ. Editio emendatior et copiosior, consilio B. G. Niebuhrii instituta, opera ejusdem Niebuhrii, Bekkeri, L. Schopeni, G. et L. Dindorfiorum aliorumque philologorum parata — Leo Diaconus Constantinus Porphyrogenitus (3 vol.). — Merobaudes et Corippus. — Joannes-Lydus. — Zozimus. — Georgius Phrantzes. J. Cananus. J. Anagnostes. — Ephraemius. — Leo grammaticus. Eustathius. — Historia politica et patriarchica Constantinopoleos. Epirotica. — Michael Attaliota. *Bonnæ*, 1828-1853. 1 vol. dem.-mar., 1 vol. cart. et 10 vol. in-8, br. — Ens. 12 volumes.

437. Historiæ augustæ scriptores VI. Aelius Spartianus, Julius Capitolinus, Aelius Lampridius, Vulcatius Gallicanus, Trebellius Pollio, Flavius Vopiscus. C. Salmasius recensuit cum notis Casauboni. *Parisiis*, 1620, in-folio à 2 col., dem.-veau.

438. MEMORIÆ populorum, olim ad Danubium, Pontum Euxinum, Paludem Maeotidem, Caucasum, mare Caspium et inde magis ad septemtriones incolentium, e scriptoribus Historiæ Byzantinæ erutæ et digestæ a Johanne Gotthilf Strittero. Accedit index duplex totius operis. *Petropoli*, 1771-79, 4 tomes en 6 vol. in-4, br.

439. MACROBII (A. Theodososii). Opera. *Biponti*, 1788, 2 vol. in-8, br.

440. AUSONII (D. Magni). Opera. *Biponti*, 1785, in-8, br.

441. Themistii philosophi, Euphrade ab eloquentia dicti, orationes sex augustales, ad Constantium, Jovianum, Valentem et Valentinianum II imper. Augg. habitæ, graece, et latinum in sermonem conversæ a G. Remo. *Ambergæ Palatin.* 1605, pet. in-4, parch.

442. Agathiæ. historici et poëtæ eximii, de Imperio et rebus gestis Justiniani imperatoris libri quinque : græce nunquam antehac editi. Ex Bibliotheca et interpretatione Bonaventuræ Vulcanii. Accesserunt ejusdem Agathiæ Epigrammata græca. *Lugd. Batav.*, 1594, in-4. veau.

443. Gesta Dei per Francos, sive orientalium expeditionum, et regni Francorum hierosolimitani historia. Orientalis Historiæ tomi duo. *Hanoviæ*, 1611, 2 tomes en 1 vol. in-folio, parch. (*Déchirure au premier titre.*)

Le tome II a pour titre : Liber secretorum fidelium crucis super terræ Sanctæ recuperatione et conservatione, auctore Marino Sanuto.

444. Wilken (Friedrich). Geschichte der Kreuzzuege. *Leipzig*, 1807-32, 7 vol. in-8, cartes, dem.-veau.

445. Recueil des historiens des croisades. Historiens occidentaux, tome I, 2e partie; tomes II et III. — Lois, tomes I et II. (Assises de Jérusalem, tomes I et II.) *Paris, Imp. Royale*, 1841-66, 5 vol. in-folio, dem.-toile.

446. Exuviæ sacræ Constantinopolitanæ. Fasciculus documentorum minorum, ad byzantina lipsana in Occidentem sæculo XIIIo translata, etc. (Publié par le comte Riant.) *Genevæ*, 1877-78, 2 v. in-8, br.

447. Riant (le comte). Magistri Thadei neapolitani, hystoria de desolacione et conculcacione civitatis acconensis et tocius terræ sanctæ. *Genevæ, s. d.* — Expéditions et pèlerinages des Scandinaves en terre sainte au temps des croisades. *Paris*, 1869. — Petri Casinensis liber de locis sanctis. *Neapoli*, 1870. — La charte du maïs. *Paris*, 1877. — Note sur les œuvres de Gui de Bazoches. *Paris*, 1877. — Notice sur Titus Tobler. Rapport du secrétaire-trésorier à la Société de l'Orient latin (1876 et 1877). *Genève*, 1876-77, portrait. — Le changement de direction de la quatrième croisade *Paris*, 1878. — Une charte provenant des archives de la grande commanderie de l'ordre teutonique. — Trois inscriptions relatives à des reliques rapportées de Constantinople par des croisés allemands. *Paris*, 1880. — Dépouillement des tomes XXI et XXII de l'Orbis christianus de Henri de Suarez. *Gènes*, 1881. — Ens. 10 plaquettes in-8, br.

448. Cartulaire de l'église du Saint-Sépulcre de Jérusalem publié par E de Rozière. Texte et appendice. *Paris, Imp Nat.*, 1849, in-4, br.

449. Statuti della colonia genovese di Pera. *Torino*, 1871, in-8, br.

450. Huillard-Bréholles (J.-L.-A.). Introduction à l'histoire diplomatique de l'empereur Frédéric II. *Paris*, 1859, in-4, pap. vergé, br.

HISTOIRE DE FRANCE ET D'ALLEMAGNE

451. Recueil des historiens des Gaules et de la France. Tome XXIII. *Paris, Imp. Imp.*, 1876, in-folio, pap. vergé, br.

452. Collection de documents inédits sur l'histoire de France. Privilèges accordés à la couronne de France par le Saint-Siège. *Paris, Imp. Imp.*, 1855, cart. — Rapports au ministre sur la collection

des documents inédits de l'histoire de France. *Paris, Imp. Nat.*, 1874, br. — Ens. 2 vol. in-4.

453. Herzog (E.). Galliae narbonensis provinciae romanae historica descriptio, institutorum expositio. *Lipsiae*, 1864, in-8, br.

454. Histoire des comtes de Tolose, par M. Guillaume Catel. *Tolose*, 1623, in-folio, veau.

455. Dictionnaire topographique de la France. Eure-et-Loir, Meurthe, Yonne, Basses-Pyrénées, Nièvre, Hérault, Gard, Haut-Rhin, Aisne, Dordogne. *Paris, Imp. Nat.*, 1861-1873, 10 vol. in-4, br.

456. Registres manuscrits de cadastre. Fiefs de la généralité de Toulouse (5 mai 1688 au 7 novembre 1699). 10 pages de texte et 404 feuillets. — Fiefs contenus dans l'arpentement des paroisses de Saint-Martin, La Roque, Puiceley, Saint-Maurice, Laval, La Capelle, Saint-Martial, Sainte-Catherine, Saint-Blaise, etc. 15 pages de table et 852 pages avec nombreux plans noirs et coloriés. — Fiefs de la communauté de Castanet, à Saint-Gaugy, de la Prouhenque, de Coulom, de Bosc Cabilhene, de la Combe de Cantrol, du Plaïssac, Valvidières, Comberigal, Dounels, Sarrigne Jounenque, La Molière, Peyrelevade, Bertoly, La Croix Saint-Grat, La Prade, La Roque, et fiefs du fauxbourg de Castanet, fief à Las Peyrouses de Pecoul, etc. 618 pages avec nombreux plans. 3 vol. in-folio, d.-v. (*Quelques mouillures.*)

457. Etat des communautés de la province de Languedoc, contenant leurs noms, leurs numéros pour leurs préambules, leur nombre dans chaque diocèse ; à la fin de chaque sénéchaussée dont la province se trouve divisée, un extrait tiré du rolle de répartition de la finance de quatre millions de livres à laquelle Sa Majesté a fixé celle des offices municipaux qui restaient à vendre de la création de l'édit de 1733. Dans les villes et communautés de la dite province et auxquelles la réunion a été ordonnée suivant l'arrêt du conseil du 30 juillet 1754, et les sommes qu'ont coûté les offices de chaque communauté. Manuscrit pet. in-4, de VII 433 et 5 pages de texte et 4 tableaux, parchemin.

458. Biographie toulousaine. *Paris*, 1823, 2 vol. in-8, br.

459. Annales de la ville de Toulouse, depuis la réunion de la comté de Toulouse à la couronne, avec un abrégé de l'ancienne histoire de cette ville, etc., par G. de Lafaille. *Toulouse*, 1687-1701, 2 vol. in-folio, veau.

460. Compayré (Cl.). Etudes historiques et documents inédits sur l'Albigeois, le Castrais et l'ancien diocèse de Lavaur. *Albi*, 1841, in-4, br.

461. Table chronologique des diplômes, chartes, titres et actes imprimés, concernant l'histoire de France, par M. de Bréquigny, continuée par MM. Pardessus et Laboulaye. Tome VIII. *Paris, Imp. Nat.*, 1876, in-folio, pap. vergé, br.

462. Archives de l'empire. Inventaires et documents. Collection de sceaux, par M. Douët d'Arcq, 2 parties en 3 vol., 1863-68. —

Layettes du trésor des chartes, tomes I et II, par A. Teulet ; tome III, par J. de Laborde, 3 vol. 1863-75. — Archives nationales. Inventaire sommaire et tableau méthodique des fonds conservés aux archives nationales. 1re partie. Table alphabétique. *Paris, Imp. Nat.*, 1871-75, 2 vol. — Ensemble, 8 vol. in-4, br.

463. Scriptores rerum germanicarum ex monumentis Germaniae historicis recusi fecit G.-H. Pertz. *Hannoverae*, 1841-80, 30 vol. et brochures in 8.

464. STREHLKE (E.). Tabulae ordinis theutonici ex tabularii regii berolinensis codice. *Berolini*, 1869, gr. in-8, br.

HISTOIRE DES PERSANS, DES MONGOLS, DES CHINOIS ETC.

465. MALCOLM (Sir John). Histoire de la Perse. Traduit de l'anglais. *Paris*, 1821, 4 vol. in-8, pl., br.

Manque la carte.

466. Histoire des quatre premiers khans de la famille de Tchinguizkhan, traduite du chinois en russe par le P. Hyacinthe Bitchourin. *Saint-Pétersbourg*, 1829, in-8, br.

467. JANER (Florencio). Condicion social de los Moriscos de España. *Madrid*, 1857, gr. in-8, br.

468. ROSELL (C.). Historia del combate naval de Lepanto. *Madrid*, 1853, gr. in-8, carte et pl., br.

469. Mémoires concernant l'histoire, les sciences, les arts, les mœurs, les usages, etc., des Chinois, par les missionnaires de Pékin. Tomes I à IX. *Paris*, 1776-1783, 9 vol. in-4, portrait et planches, broché.

470. SCHMIDT (I.-J.). Geschichte der Ost-Mongolen, verfasst von Ssanang Ssetsen Chungtaidschi der Ordus ; aus dem Mongolischen übersetzt, und mit dem Originaltexte, nebst Anmerkungen hrsgbn. *Saint-Pétersbourg*, 1829, in-4, br.

471. Neerlands streven tot openstelling van Japan voor den Wereldhandel, door Van der Chijs. *Amsterdam*, 1867, in-8, br.

GÉOGRAPHIE ET VOYAGES

472. BOCHART (Samuel). Geographiae sacrae pars prior : Phaleg seu de dispersione gentium et terrarum divisione facta in aedificatione turris Babel. Pars altera : Chanaan seu de coloniis et sermone phœnicum. *Cadonii*, 1651, in-folio, veau.

473. PTOLEMAEI Alexandrini geographiae libri octo graeco-latini, latine

recogniti et emendati, cum tabulis geographicis restitutis per Gerardum Mercatorem. *Francofurti*, 1605, in-folio, frontisp., nombreuses cartes, parch.

474. Miller (E.). Périple de Marcien d'Héraclée. Epitome d'Artémidore. Isidore de Charax, etc. Supplément aux petits géographes grecs. *Paris, Imp. Royale*, 1839, in-8, carte, br.

475. Pomponii Melæ de situ orbis libri tres A. Schottus recensuit. *Antverpiæ*, 1582, pet. in-4, bas.

476. Pausaniæ accurata Græciæ descriptio a Guilielmo Xylandro recognita. *Francofurti*, 1583, in-folio, veau.

477. Dionysii Byzantii de Bospori navigatione quæ supersunt edidit Carolus Wescher. *Paris, Imp. Nat.*, 1874, in-4, br.

478. Letronne (A.). Recherches géographiques et critiques sur le livre de Mensura orbis terræ, composé en Irlande au commencement du ixe siècle, par Dicuil. *Paris*, 1814, in-8, br.

479. Gosselin. Recherches sur la géographie ancienne, sur la Sérique des anciens, etc. — Le premier fleuve de l'Inde, le Gange, selon les anciens, par Anquetil du Perron. *Paris, s. d.*, le tout en 1 vol. in 4, cartes, br.

480. Mentelle. Géographie ancienne. *Paris*, 1787-92, 3 tomes en 6 vol. in-4 à 2 col., cart., non rognés.

481. Novus orbis regionum ac insularum veteribus incognitarum, una cum tabula cosmographica, et aliquot aliis consimilis argumenti libellis, quorum omnium catalogus sequenti patebit pagina. His accessit copiosus rerum memorabilium index. *Basileæ*, 1532, in-folio, d.-m.

482. Ritter (Karl). Géographie générale comparée. Traduit de l'allemand par Buret et Desor. *Paris*, 1836, 3 vol. in-8, br.

483. Descrittione di tutta l' Italia e isole pertinenti ad essa. Di Fra Leandro Alberti. *Venetia*, 1851, in-4, parch.

484. Pèlerinage en Terre Sainte de l'Igoumène russe Daniel au commencement du xiie siècle (1113-1115), traduit pour la première fois, accompagné de notes et suivi du texte russe par Abraham de Noroff. *Saint-Pétersbourg*, 1864, in-4, carte, planches et gravures, broché.

485. The Oriental navigator, or new directions for sailing to and from the East Indies. Collected from the mss., journals, memoirs of the officers in the East India Company's service. *London*, 1794, in-4, broch.

486. Hamilton (William J.). Researches in Asia Minor, Pontus, and Armenia. *London*, 1842, 2 vol. in 8, carte, grav. et pl., perc.

487. Drouville (Gaspard). Voyage en Perse, fait en 1812 et 1813. *Paris*, 1825, 2 vol. in-8, grav. color., br.

488. Gardane (Cte A. de). Mission du général Gardane en Perse sous le premier empire. *Paris*, 1865, in-8, br.

489. Voyages de François Bernier, contenant la description des États du Grand Mogol, de l'Indoustan, du royaume de Cachemire, etc. *Paris*, 1830, 2 vol. in-8, br. — 1 — fr

490. An authentic account of the embassy of the dutch East-India Company, to the court of the emperor of China in the years 1794-95, taken from the Journal of A. E. van Braam, translated by Moreau de Saint-Mery. *London*, 1798, 2 vol. in 8, carte, cart. Retiré

491. Tissot. Recherches sur la géographie comparée de la Maurétanie Tingitane. *Paris, Imp. Nat.*, 1877, in-4, cartes, pl. et fig., broc. — 1 — "

492. Nouvelles annales des voyages. 1850-1854. *Paris*, in 8, en livraisons, cartes. — Archives des voyages, tome 1, nº 1. *Paris*, 1840, in-8, br. — 1 — "

Manquent les nºˢ de mars, avril, mai 1850 ; juillet, août 1852 ; nov.-décembre 1853.

ARCHÉOLOGIE

493. Visconti. Iconographie grecque. *Paris*, 1811, 3 vol. — Iconographie romaine, continuée par Mongez. *Paris*, 1817-1826, 3 vol. Ens. 6 vol. in-4, cart. Retiré

Les planches manquent.

494. Bartolomeo Borghesi. Œuvres complètes. *Paris*, 1862-79, 9 vol. in-4, planches, broch. — 150 — "

Numismatique, 2 vol. — Epigraphie, 3 vol. — Lettres, 3 vol. — Nouveaux fragments des fastes consulaires, tome IX, 1ʳᵉ partie.

495. Répertoire archéologique de la France. Département de l'Aube, par M. d'Arbois de Jubainville. — Oise, par E. Woillez. — Morbihan, par Rosenzweig. — Tarn, par H. Crozes. — Seine Inférieure, par Cochet. *Paris, Imp. Nat.*, 1861-72, 5 vol. in-4 à 2 col., br. — 8 — "

496. Rossignol (E.-A.). Monographies communales ou étude statistique, historique et monumentale du département du Tarn. 1ʳᵉ partie : arrondissement de Gaillac. *Toulouse*, 1864-66, 4 vol. in-8, cartes et planches, br. — 5 — fr

497. Mège (Alexandre du). Archéologie pyrénéenne. *Toulouse*, 1858-60, 2 tomes en 5 vol. in-8, portraits et planches, br. Retiré

498. Caraven Cachin (Alfred). Sépultures gauloises, romaines et franques du Tarn. *Castres*, 1872. — Le Tarn et ses tombeaux. *Paris*, 1873. — Ens. 2 vol. in 8, cartes et planches noires et color. — 7 — "

499. Thalamus Parvus. Le petit Thalamus de Montpellier, publié pour la première fois d'après les manuscrits originaux, par la Société archéologique de Montpellier. *Montpellier*, 1840, in-4, br. — 14 — "

500. Lot de 300 brochures scientifiques, archéologiques, linguistiques, etc. — 43 — "

Un autre lot 100 brochures — 5 — "

CATALOGUES DE BIBLIOTHÈQUES. — RECUEILS DE SOCIÉTÉS SAVANTES. — JOURNAUX ET REVUES

501. Spécimen des types divers de l'Imprimerie nationale. Types étrangers. *Paris, Imp. Nat.*, 1878, in-4, br.

502. DELISLE (Léopold). Le Cabinet des manuscrits de la Bibliothèque impériale. Étude sur la formation de ce dépôt, comprenant les éléments d'une histoire de la calligraphie, etc. *Paris, Imp. Imp.*, 1868, in-4, cart.

503. Catalogues des manuscrits hébreux et samaritains de la Bibliothèque impériale. *Paris, Imp. Imp.*, 1866, in-4 à 2 col., br.

504. Catalogues des manuscrits syriaques et sabéens (mandaïtes) de la Bibl. nationale. *Paris, Imp. Nat.*, 1874, in-4, à 2 col., br.

505. Catalogue des manuscrits éthiopiens (gheez et amharique) de la Bibliothèque nationale. *Paris, Imp. Nat.*, 1877, in-4 à 2 col., br.

506. Catalogue général des manuscrits des Bibliothèques publiques des départements. Tome IV : Arras, Avranches, Boulogne. — V : Metz, Verdun, Charleville. — VI : Douai. *Paris, Imp. Nat.*, 1872-79, 3 vol. in-4, cart.

507. Catalogue de la Bibliothèque de Saint-Riquier en Picardie, 1739. Manuscrit comprenant la théologie et le droit. In-folio, veau.

508. DOZY (R. P.-A.). Catalogus codicum orientalium bibliothecæ academiæ Lugduno Batavæ. *Lugd. Batav.*, 1851, 2 vol. in-8, br.

509. Notices et extraits des manuscrits de la Bibliothèque du roi. Tome XIV, 2e partie, 1841 ; tome XVI, 2e partie, 1847 ; tome XXII, 1re et 2e partie ; XXIII, 1re et 2e partie ; XXIV, 2e partie ; XXV, 1re et 2e partie ; XXVI, 2e partie ; XXVII, 2e partie ; XXVIII, 2e partie, XXIX, 2e partie. *Paris, Imp. Nat.*, 1874-80. — Ens. 14 vol. in-4, dont 13 cartonnés et 2 br., cartes, planches et fig.

Il y a 2 exemplaires du tome XVI, 2e partie.

510. Comptes rendus des séances de l'Académie des Inscriptions et Belles-Lettres. Années 1858 à 1880, en fascicules.

Manque : 1872, janvier à juin ; 1880, juillet à septembre.

511. Mémoires de l'Académie des Sciences, tomes XXXIX et XLI, 1878-79. Mémoires présentés par divers savants à l'Académie des Sciences, tomes XX, XXIII à XXVI. *Paris, Imp. Nat.*, 1872-79. — Recueil de mémoires, rapports et documents relatifs à l'observation du passage de Vénus sur le soleil. Tome II, 2e partie. *Paris*, 1878. — Ens. 8 vol. in-4, planches, cart. et br.

512. Archives des missions scientifiques et littéraires. Vol. I à VI. 1850-57. — 2e série, vol. I à VII, 1864-71. — 3e série, vol. I, II et III, 1er cahier, 1873-76. *Paris*, en livr. in-8, cartes, fig. et planches, br.

Il y a 2 exemplaires du no 2 du tome V et du no 1 du tome VII.

513. Mémoires lus à la Sorbonne. Histoire, philologie et sciences morales. 1863-1869. Archéologie. 1863-1869. *Paris, Imp. Imp.*, 14 vol. in-8, cartes et planches, br.

514. Revue des Sociétés savantes 1865 à 1869; 1870, janvier-février et oct.-déc.; 1872-1873; 1874, janvier à octobre. *Paris, Imp. Nat.*, 1865-74, 16 tomes in-8 en numéros et nos divers.

Le no de juin 1869 manque: il y a deux numéros de juillet-août.

515. Revue des langues romanes, tomes I à XX. *Paris*, 1870-81. — Bull. de la Société des langues romanes, tomes I, no 1, et tome II (1877). 2 br. in-8. — Société des langues romanes, concours philologique et litt. de 1875. *Paris*, 1875, in 8, br. — Ensemble 20 volumes en livraisons avec planches et 3 br. in-8.

516. Publications de la Société pour l'étude des langues romanes. Archives de Montpellier. I à IV par A Montel. *Montpellier et Paris*, 1872, 4 livr. in-8, br.

517. Mémoires de l'Académie des sciences, inscriptions et belles-lettres de Toulouse. 2e, 3e, 4e, 5e et 6e séries (de chacune six volumes); 7e série, tomes I à IX; 8e série, tome II. *Toulouse*, 1827-1880, 40 tomes en 47 volumes in-8, fig. et pl., br. — Mémoires de la Société des arts et des sciences de Carcassonne. Tomes I et II. *Carcassonne*, 1849-59, 2 vol. in-8, pl., br.

518. Mémoires de la Société archéologique du midi de la France, Tomes I-VIII. *Toulouse*, 8 tomes en 6 vol. in-4, nombreuses gravures et planches, br. — Revue archéologique du midi de la France. Tome I et tome II, nos 1, 2 et 3. *Toulouse*, 1866-67, in-4, en livraisons, grav. et planches.

Il manque 2 titres des *Mémoires* et il y a 2 exempl. des nos 1 à 4 du tome I de la *Revue*.

519. Memorias de la real Academia de la historia, tome VIII. *Madrid*, 1852. in-4, nombreuses planches, br. — Memorial historico español. Colleccion de documentos que publica la real Academia de la historia. Tomes XI à XIII. Madrid 1859-61, 3 vol. in-8, br. — Discursos leidos en las sesiones publicas que para dar posesion de plazas de numero ha celebrado desde 1852 la R. Academia de la historia. *Madrid*, 1858, in-8, br. — Ens. 5 vol.

520. Journal asiatique, années 1839-1880, en numéros.

521. Revue africaine. 1869 juillet, nov.; 1870, janvier, mars, mai. juillet; 1871, mars, mai, sept., nov. 1872 à 1880 (complètes) et 1881, janvier, août. *Alger*, 1869-81, 9 années complètes en numéros et nos divers, pl.

522. Recueil des notices et mémoires de la Société archéologique de la province de Constantine. Années 1864 à 1868, 1874, 76, 78,

79, 1881. *Constantine*. 10 vol. in-8. — Annuaire de la Société archéologique de Constantine 1853 à 1859, 1862. — Ens. 15 vol. in-8, cartes et nombreuses planches, br.

9 — 523. Bibliothèque de l'École des chartes. 3e série, tomes IV et V ; 4e série, tomes I à IV et tome V, 1re livraison. *Paris*, 1852-58. 6 vol. in-8 en livraisons et une livr. séparée.

Manque la livraison de nov.-déc. 1856.

2 524. Annuaire des Deux-Mondes. Histoire générale des divers États VI-XIV (ce dernier double). *Paris*, 1855-1867, 9 vol. in-8, br.

525. Livres en lots. Environ 300 volumes.

ARMÉNIEN

OUVRAGES RELIGIEUX ET LITURGIQUES

526. Bible arménienne. Ancien et Nouveau Testament avec des variantes, éditée par le P. J. Zohrab. *Venise*, 1805, in-4 à 2 col., frontisp., d.-v.

527. Nouveau Testament en arménien classique et arménien moderne en regard, par le P. J. Zohrab, 2e éd. *Paris*, 1828, in-8 à 2 col., bas.

528. Nouveau Testament. Traduction classique et traduction en arménien moderne en regard. *Moscou*, 1834, in-8 à 2 col., veau.

529. Nouveau Testament en arménien moderne. 2e édition avec les concordances. *Constantinople*, 1850, in-8, bas.

530. Commentaire sur les actes des apôtres. Saint Ephrem et saint Jean Chrysostome. 1839, in-8, br.

En arménien.

531. Explication de l'évangile selon saint Mathieu, commencée par Nersès le Gracieux et terminée par Jean d'Erzenk ou de Zorzor. *Constantinople*, 1825, in-4 à 2 col.

Arménien.

532. Histoire de l'Église, de l'ancienne et de la nouvelle loi. *Moscou*, 1832, in-8, dos et coins veau.

En arménien.

533. Enseignement de la religion en langue arménienne vulgaire par Etienne Nazarian. 1re partie comprenant : Enseignement de la foi. Morale, Histoire sainte. *Moscou*, 1853, in-8, cart.

En arménien.

534. Agathangelos et la doctrine de l'Église arménienne au ve siècle, par C. Thoumaian. *Lausanne*, 1879. — Storia di Agatangelo. Versione italiana da N. Tommaséo. *Venezia*, 1843. — Ens. 2 vol. in-8, br.

535. Conciliationis Ecclesiae armenae cum romana ex ipsis Armenorum patrum, et doctorum testimoniis. Auctore Clemente Galano. *Romae*, 1658-1690, 2 tomes en 3 vol. in-folio à 2 col., cart.

Arménien et latin.

536. Ukases et actes relatifs à l'Église arménienne en Russie. *Moscou*, 1842, in-8, dos et coins veau.

Russe et arménien.

537. Biographie de l'abbé Mékhitar, fondateur de la congrégation armé-

nienne des mékhitaristes de Venise, par Mgr Etienne Akontz Kœver. *Venise*, 1810, in-8, front. et portrait, br.

En arménien.

538. Compendiose notizie sulla congregazione de' monaci armeni mechitaristi di Venezia. *Tipografia di suddetta isola*, 1819, in-12, portrait et grav., br.

Arménien-italien.

539. Esquisse de l'esprit et de la conduite des PP. mékhitaristes, par G. Aivasowsky. *Paris*, 1857, in-12, br. (non mis dans le commerce).

En arménien.

540. Il Mechitarista di San-Lazzaro di Venezia. *Livorno*, 1852, in-8, br.

541. La Différence fondamentale de l'Église catholique et de l'Église d'Echmiazin, par H.-J.-G. *Constantinople*, 1864, in-16 carré, br.

En arménien.

542. Traité de la foi chrétienne suivant la confession orthodoxe de l'Église arménienne, par M. Grigorian. *Moscou*, 1850, in-12, cart.

Arménien.

543. Réponses évidentes aux principales objections contre la religion. Traduites en arménien moderne par le P. Alexandre Baladjian. *Vienne*, 1864, 2 vol. in-16, d.-m.

544. Le Siège de saint Pierre, prince des apôtres, traduit en arménien par Alexandre Baladjian. *Vienne*, 1853, in-8, cart.

545. Exposition de l'orthodoxie de l'Église arménienne. *Constantinople*, 1854, in-8, br.

En arménien.

546. Le Pape et le concile, par Janus, traduit de l'allemand par Gabriel Ayrazian. *Echmiatsin*, 1871, in-8, br.

En arménien.

547. Théologie arménienne, par Michel Salantian, archevêque arménien. *Moscou*, 1831, in-8, d.-r.

En arménien.

548. Rituel arménien. *Venise*, 1831, pet. in-8, 1 grav., veau.

En arménien.

549. Bréviaire arménien. *Vienne*, 1839, 3 vol. in-12, d.-mar. vert.

550. Bréviaire de l'Église arménienne. *Moscou*, 1853, in-16, d.-r.

Arménien.

551. Liturgia armena trasportata in italiano sino dal 1816, per G. Avedichian. *Venezia*, 1826, in-8, planches, br.

552. Chants notés du Bréviaire arménien. *Echmiatsin*, 1877, in-4, bas. rouge.

En arménien.

553. Nersès de Lampron. Commentaire sur la liturgie arménienne. *Venise*, 1847, in-8, br.

En arménien.

554. La Sainte liturgie de l'Église arménienne avec le chant en notes musicales modernes, 2e édition. *Valarsabad*, 1878, in-4, d.-toile.

En arménien.

555. Explication des hymnes de la liturgie arménienne par le P. Gabriel Avedichian. *Venise*, 1814, in-4, br.

556. Talaran. Chants composés par nos anciens poètes pour la joie des enfants de l'Église. Imprimé à Constantinople au siècle dernier, in-12, bas. (Manque le ff. 3, 4.)

557. Collection de chants spirituels et de chansons, par Balthazar Badvéli, le clerc. *Constantinople*, 1739, in-18, mar. vert.

558. Erkaran. Collection de chants spirituels et allégoriques par le docteur Pierre Gapantsi, moine du couvent d'Edchmiadzin. *Constantinople*, 1771, pet. in-4, gravures, encadrements et ornements, d.-bas.

En arménien.

559. Livre de cantiques. *Constantinople*, 1794, in-18, gravures, d.-bas.

En arménien.

560. Charagan, ou chants spirituels de l'Église arménienne. *Constantinople*, 1834, pet. in-4, bas.

Arménien.

561. Notation musicale du Charagan, hymnes de l'Église arménienne. *Echmiatsin*, 1875, gr. in-folio, basane bleue.

561 *bis*. — Le même, basane rouge.

562. Chants de l'Eglise arménienne. *Tiflis*, 1856, in-8, bas.

En arménien.

563. Livre de cantiques ou graduel de l'Église arménienne. *Constantinople*, 1853, in-8, grav., bas.

En arménien.

564. Leçons de notation musicale ecclésiastique des Arméniens, par Nicolas Thachdjian. *Echmiatsin*, 1874, in-8, br.

En arménien.

SAINTS DE L'ÉGLISE ARMÉNIENNE

565. Œuvres de saint Ephrem. Traduction du Ve siècle. *Venise*, 1836, 4 vol. in-8, br.

Arménien.

566. Saint Basile, évêque de Césarée en Cappadoce. Discours sur l'œuvre des six jours (de la création). Traduction du Ve siècle. *Venise*, 1830, in-8, br.

En arménien.

567. Prières de saint Grégoire de Nareg. *Calcutta*, 1816, in-12, d.-v.

568. Œuvres de Grégoire de Nareg. *Venise*, 1827, in-8, br.
En arménien.

569. Les prières de Nareg avec des notes explicatives par le P. G. Avedichian. *Venise*, 1827, in-8, frontisp., dos et coins veau.

570. — Le même in-8, carré, br.

571. Prières de saint Grégoire de Nareg, auteur classique du xᵉ siècle. *Constantinople*, 1829, pet. in-4, bas.
En arménien.

572. Homélies de Grégoire de Nareg, publiées avec un commentaire par le P. G. Avedichian. *Venise*, 1827, in-8, dos et coins bas.
En arménien.

573. Saint Grégoire l'Illuminateur. Homélies et prières. *Venise*, 1838, in-8, br.
Arménien.

574. Preces sancti Nersetis Clajensis Armeniorum patriarchæ viginti quatuor linguis editæ. *Venetiis*, 1837, in-16, portrait, veau, tranches dorées.

575. Lettre pastorale et autres de Nersès le Gracieux. *Saint-Pétersbourg*, 1788, in-4, veau.
Arménien.

576. Lettre pastorale de Nersès le Gracieux. *Venise*, 1830, in-8 carré, br.
En arménien.

577. Nersès le Gracieux. Sa famille, sa vie, ses œuvres par le P. Léon M. Alichan. *Venise*, 1873, in-12, 1 grav. et 1 arbre généalogique en couleur, br.
Arménien moderne.

578. Orazione sinodale di S. Nierses Lampronense, recata in lingua italiana dall' armena, ed illustrata con annotazioni dal P. Pasquale Aucher. *Venezia*, 1812, in-8 carré, br.

579. Catéchèses de saint Cyrille de Jérusalem. Traduction du vᵉ siècle. *Vienne*, 1832, in-8, br.
En arménien.

580. Sancti Jacobi episcopi Nisibeni sermones (armenice et latine), cum præfatione, notis et dissertatione de Ascetis. *Romæ*, 1756, in-folio à 3 col., cart.
Arménien et latin.

581. Severiani sive Seberiani Gabalorum episcopi emesensis Homiliæ editæ, et in latinum sermonem translatæ per J.-B. Aucher. *Venetiis*, 1827, in-8, br.
Arménien et latin.

582. Homélies de Jean Mantagouni. *Venise*, 1836, in-8, br.
En arménien.

583. Abrégé des Vies des saints et des martyrs du calendrier arménien. *Constantinople*, 1773, in-folio à 2 col., encadrements et ornements, veau.

Arménien.

Le titre manque : la date et le lieu d'impression se trouvent à la fin de la table, p. 7.

584. Vie de saint Antoine abbé, composée par saint Athanase d'Alexandrie, traduite en latin par Evagrius, et du latin en arménien par le P. Basile Lasbovian. *Venise*, 1794. — Supplément par le même. *Venise*, 1800, in-12, br.

585. Vies des saints et des martyrs du calendrier de l'église arménienne, avec des notes par le P. Baptiste Aucher. *Venise*, 1810-1815, 12 vol. in-8 carré, grav., br.

Arménien.

586. Martyrologe arménien. *Venise*, 1874, 2 vol. in-8, br.

En arménien.

GRAMMAIRES ET DICTIONNAIRES

587. Tchamtchian. Grammaire arménienne. 1re édition. *Venise*, 1801, in-8, veau.

En arménien.

588. Grammaire arménienne, par le P. Gabriel Avédichian. *Venise*, 1815, in-8 carré, frontisp., br.

En arménien.

589. Cours d'arménien littéraire, par Jean Garabedian. 1re partie, grammaire. *Constantinople*, 1838, in-8, br.

590. Grammaire de la langue arménienne à l'usage des élèves de l'Institut Lazareff. *Moscou*, 1846, in-8, d.-r.

En arménien.

591. Éléments de la grammaire arménienne, par le P. Arsène Bagratouni. *Venise*, 1846, in-8, cart.

592. — Le même. 6e édition. *Venise*, 1864, in-8, br.

En arménien moderne.

593. Gomidas (Arsène). Grammaire arménienne. *Venise*, 1852, in-8, d.-maroq. noir.

En arménien.

594. Grammaire de la langue arménienne moderne, par le P. Arsène Aydenian. *Vienne*, 1867, in-8, br.

En arménien.

595. Histoire et théorie de la calligraphie méthodique, par Miansarian. *Saint-Pétersbourg*, 1872, in-8, br.

En arménien.

596. Grammaire pratique de la langue arménienne, par Etienne

J. Palasanian. 1re partie, étymologie, 2e édition. *Tiflis*, 1874, in-8, br.

En arménien.

597. Petermann (H.). Grammatica linguæ armeniacæ. *Berolini*, 1837, in-8, d.-mar.

598. Le Chemin de la science des langues. (Choix de mots arméniens avec la traduction russe et une transcription du russe en caractères arméniens). *Saint-Pétersbourg*, 1788, in-8 carré, veau.

599. Nouveau dictionnaire de la langue arménienne, par les PP. Mékhitaristes : Gabriel Avedichian, Khatchadour Surmelian, Baptiste Aucher. *Venise*, 1836-37, 2 vol. in-4 à 2 col., d.-v.

600. Dictionnaire manuel de la langue arménienne, par le P. Baptiste Aucher. *Venise*, 1846, in-12, toile.

En arménien.

601. Dictionnaire français-arménien-turc, par le P. Pascal Aucher. *Venise*, 1840, gr. in-8 à 2 col., br.

602. Bozadji (Le P. J.). Dictionnaire turk-arménien. *Vienne*, 1841, in-16, à 2 col., veau.

603. Nouveau dictionnaire abrégé arménien-turc, par le P. Ephrem Tchakdjian. *Vienne*, 1850, in-12, br.

604. Dictionnaire trilingue français-arménien-turc, par le P. Serapion Eminian. *Vienne*, 1853, in-12 à 2 col., br.

605. Dictionnaire persan en caractères arméniens, d'après l'ordre de l'alphabet arménien avec la transcription persane et l'explication en arménien et en turc par Georges Johannesian, précédé d'une grammaire persane par Jacques Tuzian. *Constantinople*, 1826, in-4, à 2 col., veau.

606. Khodabandheff (Alexandre). Dictionnaire arménien-russe. *Moscou*, 1838, in-8, à 2 col., dos et coins bas.

607 Ciakciak (P. Emmanuele). Dizionario armeno-italiano. *Venezia*, 1837, gr. in-8 à 3 col., d.-mar. noir.

SCIENCES

608. Explication des anciens poids et mesures, par le P. Pascal Aucher. *Venise*, 1821, in-8, br.

En arménien.

609. Le Calendrier des Arméniens romains et le calendrier abrégé suivi du poëme de Joasaph, des tressaillements du corps, et de l'interprète des songes. *Amsterdam*, 1668, in-16 carré, veau.

En arménien.

610. Calendrier perpétuel, par Verthanes Askerian. *Venise*, 1782, pet. in-4 à 2 col., br.

Arménien.

611. Traité du calendrier universel religieux et civil par le P. Khatchadour Surmélian. *Venise*, 1818, in-8, frontisp., dos et coins veau.

En arménien.

612. Calendrier arménien. *Jérusalem*, 1868, 2 parties en 1 vol. in-16, perc.

En arménien.

613. Almanachs en arménien, 40 vol. in-12, imprimés à Calcutta, Erivan, Théodosie, Scutari, Smyrne, Moscou, Venise, etc.

614. Matière médicale, par Joachim Oghoulloukhian. *Venise*, 1806, in-16, br.

En arménien.

615. La Médecine, par le baron Michel Resden. Tome I : des différentes sortes de maladies, 2ᵉ édit. — Tome II : vocabulaire des termes médicaux (en latin, italien, français, anglais, grec, arabe, persan, turc et arménien, le tout en caractères arméniens) 2ᵉ édit. *Venise*, 1832, 2 vol. in-16, br.

Arménien.

616. Dissertation sur la psychologie expérimentale, par Etienne Nazarian. *Moscou*, 1851, in-8, d.-r.

En arménien.

617. Le Cahier abrégé et plein de sages paroles. Traité de cosmographie, par Jean d'Erzing, aussi nommé Jean de Zorzar. *Nouveau Nakhijevan*, 1792, pet. in-4, frontisp., fig. et encadrements, cart.

En arménien.

LITTÉRATURE

618. Le livre des Chries. Traité de rhétorique, par Moïse de Khorène, publié avec un commentaire par le P. Jean Zohrab. *Venise*, 1796, in-8, br.

En arménien.

619. Lettre de Paul de Daron contre Théopiste. *Constantinople*, 1752, pet. in-4, avec 1 grav., encadrements et ornements, basane.

En arménien.

620. Œuvres poétiques de Nersès le Gracieux. *Venise*, 1830, in-32, frontisp., br.

En arménien.

621. Nersès le Gracieux. Œuvres poétiques. *Venise*, 1830, in-18, vél. — Lettres. *Venise*, 1838, in-18, br. — Lettres de Grégoire l'Enfant. *Ib*. 1838, in-18, br. Ens. 3 vol.

622. Sallantian (Michel). Traité de rhétorique, à l'usage des élèves de l'institut Lazaref. *Moscou*, 1836, in-8, d.-bas.

En arménien.

623. Mekhitar de Hèr. La Consolation des fièvres. *Venise*, 1832, in 8, br.

Arménien.

624. Œuvres du docteur Gorioun, de Mambré le lecteur et de David l'invicible. *Venise*, 1833, gr. in-8, br.
Arménien.

625. Johannis Philosophi Ozniensis Armeniarum catholici Opera per J.-B. Aucher. *Venetiis*, 1834, in-8, br.
En arménien.

626. Œuvres d'Elisée. *Venise*, 1838, in-8, br.
En arménien.

627. Discours de Raphaël Thrian (Trenz). *Venise*, 1845, in 8, br.
Arménien.

628. Recueil de chansons d'allégresse pour le divertissement national. *Calcutta*, 1846, in-18, bas.

629. Armenian popular songs translated into english by the Rev. L.-M. Alishan. *Venice*, 1852, in-8, br.
Anglais et arménien.

630. Chants nationaux des Arméniens, par Camar Cathiba. — Chants épiques de l'ancienne Arménie, par Emin. — Chants de Serobé Patkanian. — Trésor de chants nationaux, etc. 10 vol. et broch. in-8.

631. Le Messager de la terre promise, en vers arméniens, par Baptiste Khrenian. *Constantinople*, 1851, gr. in-8, cart.

632. Sayiath Nova. Publié par Georges Akhverdian. *Moscou*, 1852, gr. in-8, d.-r.
Le texte arménien des chansons populaires de Sayiath Nova est accompagné d'un commentaire, et précédé d'une introduction littéraire et d'une autre grammaticale sur les particularités du dialecte de Tiflis.

633. Le Divan de Saïat-Nova, poète de Tiflis. Poésies arméniennes, pub. par G. Akhverdian. *Moscou*, 1852, gr. in-8, d.-r.
En arménien.

634. Lettre de Lazare de Phrap à Vahan Mamigonien éditée par B. Emin. *Moscou*, 1853, in-8, d.-v.
En arménien.

635. Recueil des poésies des rév. pères Mekhitharistes de Venise. Tomes I, II et III. *Venise*, 1852-54, 3 tomes en 1 vol. in-4, br
En arménien.

636. Bibliothèque choisie de la littérature arménienne. Vol. I à XX. *Venise*, 1853-54. 20 vol. in-32, br.

637. Œuvres poétiques et dramatiques de Sérapion Hékimian. *Constantinople*, 1857, gr. in-8, br.
En arménien.

638. Gomidas (Le P. Arsène). Haïg le héros, fondateur de la nationalité arménienne. Poème épique en vingt chants dans l'ancien mètre arménien. *Venise*, 1858, in-8, portrait et gravures, br.

639. Arsace II, tragédie par Khoren Calfa. *Théodosie*, 1861, in-8, frontisp., cart.
En arménien.

640. Le Flambeau illuminant par Baptiste Tigranian, en arménien moderne et en kurde (caractères arméniens) en regard. *Constantinople*, 1866, in-8, d.-bas.

641. La Lyre de l'exilé. Poésies par Khoren Narbèian. *Constantinople*, 1868, in-16, br.

En arménien.

642. La Lyre arménienne. Recueil par M. Miansarian. *Saint-Pétersbourg*, 1868, in-8, cart.

En arménien.

643. Ananias de Chirak. Fragments publiés par C. Patkanian. *Moscou*, 1877, in-8, br.

644. Essai de littérature arménienne. Anthologie en langue vulgaire, avec notes littéraires, historiques, biographiques etc., par A. Biberdjian. *Constantinople*, 1879, in-12, br.

645. 54 volumes et brochures, en arménien.

646. Ouvrages arméniens et russes, 21 volumes.

647. Le Messager de l'Ararat, rédigé en vers arméniens, par Baptiste Khremian. *Constantinople*, 1850, in-4, d.-m.

648. Le Panaser (Le Philologue). Revue mensuelle publiée par Jean Hisarian. 1re année (seule parue). *Constantinople*, 1851, in-8, d. mar.

En arménien.

649. La Grue du pays arménien, revue mensuelle, 4e année. *Tiflis*, 1863, in-8, d.-bas.

En arménien.

650. La Tige d'Aravayr. Revue mensuelle. 1re année. *Constantinople*, 1866, in-8, br.

En arménien moderne.

651. L'Ararat. Revue mensuelle, religieuse, historique, littéraire, etc. *Echmiatsin*, 1868-1881, 14 vol. in-8, br., les six derniers en livraisons.

Manque : avril et nov.-décembre 1881.

652. Phortz (l'Expérience). Revue en arménien. Tome I, complet en 4 numéros ; II, 1, 2 ; III et IV (complets en 12 numéros chacun) ; V, nos 1 à 6. *Tiflis*, 1876-1881, 31 livrais., gr. in-8, br.

653. Recueils périodiques et publications diverses en arménien. 50 broch. in-8.

654. Les Géorgiques de Virgile, traduites en vers arméniens par le P. Arsène Bagratouni. *Venise*, 1847, in-4, portr., d.-v.

655. Les Géoponiques. Traduction ancienne de l'arabe. *Venise*, 1877, in-8, br.

Arménien.

656. Les Pensées de Pascal. Traduction libre en arménien par Jean Tchamourdjian. *Constantinople*, 1844, in-8, br.

657. Les Aventures de Télémaque, de Fénelon. Traduction arménienne par Ambroise Calfa. *Paris*, 1860, gr. in-8, portr., grav. et vignettes, br.

658. Athalie, tragédie, traduite en arménien par Sargis Tigranian. *Moscou*, 1834, in-8, d.-r.

659. Paul et Virginie, traduit en arménien moderne par Manoug bey Asdouazadourian. *Venise*, 1846, in-18, grav., br.

660. Les Harmonies de Lamartine, traduites en vers arméniens par Corène Calfa. *Paris*, 1859, in-12, br.

661. Le Paradis perdu de Milton, traduit en vers arméniens par le P. Arsène Bagratouni. *Venise*, 1861, in-8, portr., frontisp. et grav., br.

HISTOIRE

Chroniques et histoire d'Arménie.

662. Thesaurus Temporum. Eusebii Pamphili, Caesareae, Palaestinae episcopi chronicorum canonum omnimodae historiae, interprete Hieronymo, ex fide vetustissimorum codicum castigati, etc. Opera ac studio Josephi Justi Scaligeri. *Lugd. Batav.*, 1606, in-fol., veau.
Reliure fatiguée.

663. Eusebii Pamphili chronicon bipartitum ex armeniaco textu in latinum conversum, adnotationibus auctum, graecis fragmentis exornatum opera J.-B. Aucher. Pars I : Historico-chronographica. Pars II : Chronicus canon. *Venetiis*, 1818, 2 vol. in-4, d.-r.

664. Eusebii Pamphili Chronicorum canonum libri duo. Opus ex Haicano cod. a D. Joh. Zohrab diligenter expressum et castigatum, Ang. Maius et J. Zohrab latinitate donatum, notisque illustratum ediderunt. *Mediolani*, 1818, in-4, br.

665. Histoire universelle d'Étienne de Daron, publiée et annotée par Garabed Chahnazarian. *Paris*, 1859, pet. in-8, portr., d.-bas.
En arménien.

666. Chronique de Matthieu d'Edesse. *Jérusalem*, 1869, in-12, cart.
En arménien.

667. Histoire universelle, par Étienne Taransk surnommé Açogigh. *Moscou*, 1864, in-8, br. (En russe.)

668. Vardan (le Grand). Histoire universelle, traduite en russe par Emin. *Moscou*, 1861, in-8, br.

669. Histoire universelle de Vardan le Grand, éditée par B. Emin. *Moscou*, 1861, in-8, br.
Arménien.

670. Compilation de l'histoire du docteur Vardan (le Grand) annotée. *Venise*, 1862, in-8, br.
Arménien.

671. Histoire d'Aristaghès de Lasdiverd. *Venise*, 1844, in-8, d.-veau.
En arménien.

672. FAUSTUS (de Byzance). Histoire d'Arménie. *Venise*, 1832, in-8, br.
En arménien.

673. FAUSTUS von Byzanz Geschichte Armeniens. Aus dem Armenischen übersetzt von M. Lauer. *Kœln*, 1879, in-8, br.

674. HETHOUM, historien des Tatares, traduit du latin en arménien par le P. B. Aucher. *Venise*, 1842, in-8, d.-r.

675. INDJIDJI. Arménie ancienne. *Venise*, 1822, pet. in-4, d.-mar.
Arménien.

676. Histoire d'Arménie commençant à l'époque du déluge et finissant à l'an 920 de J.-C., par Jean V. Catholicos. *Jérusalem*, au couvent de Saint-Jacques, 1843, pet. in-4, dos et coins, bas.

677. Histoire d'Arménie, par Jean Catholicos, publiée par Baptiste Emin. *Moscou*, 1853, in-8, br.
En arménien.

678. Histoire de l'Arménie, par Moïse Korensky, trad. en russe par Emin. *Moscou*, 1858, in-8, br.

679. Histoire d'Arménie de Lazare de Pharbe. *Venise*, 1793, in-8 carré, br.
En arménien.

680. LAZARE DE PHARBE. Histoire d'Arménie et lettre à Vahan Mamigonien. *Venise*, 1873, 2 vol. in-18, d.-v.

681. Invasion des Arabes en Arménie par Léon (dit le prêtre) publié et annoté par G. Chahnazarian. *Paris*, 1857, in-12, portr., br.
En arménien.

682. Histoire d'Arménie, de Cyriaque de Ganzak, publiée par Georghian Johannisiam. *Moscou*, 1858, in-12, br.

683. CYRIAQUE DE GANZAK. Histoire abrégée, depuis saint Grégoire jusqu'à nos jours. *Venise*, 1865, in-8, br.

684. LEROUBNA D'EDESSE. Lettre d'Abgar, roi d'Arménie et prédication de l'apôtre Thadée. *Jérusalem*, 1868, in-18, br.
En marge, de la main de M. Dulaurier, la collation complète des manuscrits de Paris qui ont servi à l'édition des Mékhitaristes. — Dans le même vol. *Histoire abrégée de l'Albanie*, par Djalalian.

685. Histoire d'Arménie, de Mekhitar d'Airivankh, publiée par Emin. *Moscou*, 1860, in-8, br.

686. Histoire des survivants des Arméniens et des Géorgiens, composée par Mesrop le Prêtre en 962 de J. C. *Madras*, 1775, in-8 carré, encadrements et ornements, bas. (*Piqûre et déchirure au titre.*)
En arménien.

687. Chronique de Michel le Syrien. *Jérusalem*, 1871, in-12, d.-r.

688. Œuvres de Moïse de Khorène. *Venise*, 1843, in-8, br.
Arménien.

689. Mosè Corenese, Storico armeno del quinto secolo. Versione di G. Cappelletti, *Venezia*, 1841. — Storia di Mosè Corenese. Versione italiana da N. Tommaséo. *Venezia*, 1841. — Ens. 2 vol. in-8, br.

690. Moïse de Calancatou. Histoire de l'Albanie du Caucase, publiée par Baptiste Emin. *Moscou*, 1860, in-8, br.

En arménien.

691. Histoire des Aghouans par Moïse Kagankatvatzi, écrivain du xᵉ siècle, traduit de l'arménien en russe. *Saint-Pétersbourg*, 1861, in-8, br.

692. Oukhtanès l'évêque. Iʳᵉ partie : Histoire d'Arménie. *Echmiatsin*, 1871, in-8, br.

693. Histoire des Grecs de Constantinople et de la grande Arménie, suivant l'ordre chronologique, par le général Sembat, frère de Hethoum I, roi d'Arménie. *Moscou*, 1856, in-16, cart.

En arménien.

694. Histoire d'Arménie depuis Hayk jusqu'à nos jours, par le P. Ephrem Tchaktchianan. *Vienne*, 1851, in-12, br.

En arménien.

695. Histoire d'Arménie depuis le commencement du monde jusqu'à l'an 1784 de J.-C., par le P. Michel Tchamtchian. *Venise*, 1784-86, 3 vol. pet. in-4, 1 grav., chaque page encadrée d'un double filet, dos et coins bas.

En arménien.

696. Abrégé de l'histoire d'Arménie, de Tchamtchian. *Venise*, 1811, in-8, br.

En arménien.

697. Mémoires historiques d'Arachiel de Tauriz. *Amsterdam*, 1669, in-16, d.-r. (*Raccommodages.*)

698. Abraham de Crète, patriarche d'Arménie. Histoire des événements dont il fut témoin, et de Nadirchah, roi de Perse. *Echmiatsin*, 1870, in-8, br.

699. Agathange. Histoire d'Arménie. *Venise*, 1835, in-18, d.-v.

700. David Beg. Histoire de la guerre des Arméniens contre les Turcs en 1722, publiée avec des appendices, par Abgar Goulamirian. *Echmiatsin*, 1871, in-12, br., fig.

701. Histoire de la province de Sisak, par Etienne Orbélian. *Paris*, 1859, 2 vol. — Histoire de l'Albanie du Caucase par Moïse de Calancaïtoutz. Histoire de Tamerlan et de ses successeurs par Thomas de Metzobe. *Paris*, 1860, 2 vol. — Histoire universelle par Etienne de Daron. *Paris*, 1859. — Chronique de Sembat et Histoire poétique des Roubenians. *Paris*, 1859. — Ens. 6 vol. in-12, portraits, br.

Tous ces ouvrages sont publiés par G. Chahnazarian.

702. Histoire des Califes par Vardanete Gevonde, écrivain du VIIIᵉ siècle, traduit de l'arménien. *Saint-Pétersbourg*, 1862, in-8, br. (En russe.)

703. Moise de Kalankatou. Histoire de l'Albanie (du Caucase) éditée par B. Emin. *Moscou*, 1860, in-8, br.

Arménien.

704. Chronique de Sembat, publiée par Georghian Johannisian. *Moscou*, 1856, in-12, br.

705. Elégie sur la prise d'Edesse par les Musulmans, par Nersès Klaietsi, pub. par J. Zohrab. *Paris*, 1828, in-8, br.

En arménien.

706. Plaies de l'Arménie. Lamentation du patriote. Poème historique par Khatchatour Abovian. *Tiflis*, 1858, in-8, br.

Arménien.

707. Histoire de ce qui s'est passé dans le pays des Albaniens, par Isaïe Hasan Djalalian. *Chouchi*, 1839, in-12, cart.

708. Histoire du Pont-Euxin ou Mer Noire, par le P. Minas Bejechkian de Trébizonde. *Venise*, 1819, in-4, br.

709. Histoire de la famille de Sisak, par Etienne de Siounie, éditée par B. Emin. *Moscou*, 1861, in-8, br.

En arménien.

710. Histoire de la famille des Arzrouni, par Thomas Arzrouni. *Constantinople*, 1852, in-4, 1 grav., cart.

En arménien.

711. Histoire de Sébéos. *Constantinople*, 1851, in-16, cart.

En arménien.

712. Histoire de Sébéos sur Héraclius, et commencement de l'histoire de Mekhitar d'Ani, publ. par Patkanian. *Saint-Pétersbourg*, 1879, in-8, br.

713. Histoire de Taron, traduite par Zenob le Syrien. *Venise*, 1822, — Histoire de Taron, par Jean Mamikonian. *Venise*, 1832. — En un vol. in-8, br.

Arménien.

714. Histoire de Zacharie le diacre. *Echmiatsin*, 1870, in-8, br.

En arménien.

715. Histoire d'Etienne Orpélian, par Georghian Johannisian. *Moscou*, 1858, in-8, br.

716. Histoire des Arméniens. 50 volumes et brochures la plupart en russe par Bergé, Patkanoff, Emin, etc. — Lot important d'ouvrages qu'il serait difficile aujourd'hui de réunir.

717. Philonis Judaei Sermones tres hactenus inediti I et II, de providentia et III, de animalibus. — Philonis Judaei paralipomena armena. Ex armena versione antiquissima ab ipso originali textu græco ad verbum stricte exequuta sæculo V. nunc primum in latinum translata per P. J.-B. Aucher. *Venetiis*, 1822-26, 2 vol. in-4, br.

718. Saint-Martin (J.). Mémoires historiques et géographiques sur l'Arménie. *Paris*, *Imp. Royale*, 1818-19, 2 vol. in-8, d.-veau.

—

719. Capelletti (Giuseppe). L'Armenia. *Firenze*, 1841-42, 3 vol. in-4, cart., pl. et grav., br.

720. Esov. Mœurs des anciens Arméniens. *Saint-Pétersbourg*. 1859, in-8, br. (En russe.)

721. Tableau de l'Arménie par A. Houdabaschef. *Saint-Pétersbourg*, 1859, in-8, cartes et pl., dos et coins maroq. (En russe.)

722. Collection des historiens anciens et modernes de l'Arménie, publiée en français par Victor Langlois. Tomes I et II. *Paris*, 1867-69, 2 vol. gr. in-8, à 2 col., br.

723. Langlois (Victor). Le Trésor des chartes d'Arménie ou Cartulaire de la chancellerie royale des Roupéniens. *Venise*, 1863, in-4, br.

724. Corsini (Ed.). In Academia pisana humaniorum litterarum professoris de Minnisari aliorumque Armeniæ regum nummis et Arsacidarum epocha dissertatio. *Liburni*, 1754, pet. in-4, cart.

725. Recueil des actes ou documents relatifs à une revue de l'histoire du peuple arménien. *Moscou*, 1833, 3 vol. in-4, d.-r. (En russe.)

726. Mémoires historiques sur l'état de l'Arménie au moment de sa réunion à la Russie, par I. Schopene. *Saint-Pétersbourg*, 1852, gr. in-8, br. (En russe.)

727. Description de l'émigration des Arméniens de Perse en Russie en 1828. *Moscou*, 1832, in-8, d.-r.

En arménien.

728. La Chambre ou mémorial de tout ce qui concerne le Saint-Siège d'Echmiatsin, et les monastères voisins. *Echmiatsin*, 1873, in-8, br.

729. Histoire des Catholicos d'Echmiatsin, depuis Siméon jusqu'à Joseph VIII, 1763-1831, par M. Meserian. *Moscou*, 1876, in-8, portrait, br.

En arménien.

730. Description de l'église patriarcale d'Echmiatsin et des cinq districts de l'Ararat, par Jean Chahkhathounian. *Echmiatsin*, 1842, 2 vol. in-8, cart.

En arménien.

731. Abel. Histoire du monastère de Haritcha dans le district de Chirak. *Tiflis*, 1856, in-12, br.

732. Recueil de décrets et actes relatifs à l'institut Lazareff des langues orientales à Moscou. *Saint-Pétersbourg*, 1839, in-8, dos et coins veau.

Russe et arménien.

733. Décrets et constitutions du collège Lazaref des langues orientales à Moscou. *Moscou*, 1852, in-8, d.-r.

733 *bis*. — Le même, cart.

Russe et arménien.

734. Mesérian. Mémorial de la famille Lazaref. *Moscou*, 1856, gr. in-8, nombreux portraits et grav. noires et color., dos et coins mar.

En arménien.

735. Exposé des vicissitudes du collège Monrad à Paris de 1852 à 1855, publié par les PP. Sarkis Theodorian, Gabriel Aïvazowski et Ambroise Calfa. *Paris*, 1855, in-12, br.

En arménien.

736. Histoire du collège Monrad, du collège arménien et des abbés mékhitaristes, par Sargis Theodorian. *Paris*, 1866, 4 vol. in-8, portrait, perc.

En arménien.

GÉOGRAPHIE

737. Antiquité géographique de l'Arménie, par le P. Luc. Ingigian *Venise*, 1835, 3 vol. pet. in-4, grav., br.

738. Géographie politique par le P. Léon Marc Alichan. *Venise*, 1853, in-4 à 2 col., cartes, gravures et vignettes, br.

Ce volume contient en outre un appendice paginé à part : Topographie de la Grande-Arménie. 1855.

739. Sarkis Dchalaliants (Le P.). Voyage dans la Grande Arménie, exécuté en 1841. *Tiflis*, 1842-1858, 2 vol. pet. in-4, tome I, d.-maroq.; tome II, broché.

Contient la description d'un bon nombre de localités de la Grande-Arménie et le relevé des inscriptions qui se trouvent sur les murs des antiques églises et monastères de ces localités, etc.

740. Description de la petite et de la grande Arménie, par Nersès Sarkissian. *Venise*, 1864, gr. in-8, planches et gravures, br.

Arménien.

741. Voyage en Arménie par Mesrob T. Thaghitiants, archidiacre d'Echmiatsin. Tome 1 (seul paru). *Calcutta*, 1847, in-12, br.

742. Voyage dans le Lehasdan (Pologne) par le R. P. Minas Pejeschquiants. *Venise*, 1830, in-8, carte.

En arménien.

743. Voyage à Ani, par Abel Mekhitarian. *Constantinople*, 1855, in-12, cart.

744. Description d'Aïri-vankh et du monastère de la Sainte-Lance, par Etienne Mekhitarian. *Echmiatsin*, 1873, in-8, br.

745. Valarsabad (Echmiatsin), métropole d'Arménie, avec la description de la province d'Ararat, par l'évêque Abel, 1re partie. *Echmiatsin*, 1874, in-8, br.

746. Antiquités nationales du canton d'Erendjak par Aristakès Sedrakian. *Echmiatsin*, 1872, in-12, br.

747. Description de Jérusalem, par Baptiste Arzrounian. *Jérusalem*, 1859, in-8, perc.

En arménien.

748. Lazarovitch. Description de la ville de Calcutta. *Venise*, 1832, in-4, portrait et gravures, br.

En arménien.

749. Baumgarten (G.). Sechzig Jahre des Kaukasischen Krieges. *Leipzig*, 1861, in-8, cartes, br.

750. Miansarof. Bibliographia caucasica et transcaucasica. Tome I, sections 1 et 2. *Saint-Pétersbourg*, 1874-76, gr. in-8, br.

751. Dorn (Bernh.) Geographica caucasica. *Saint-Pétersbourg*, 1847, in-4, 2 planches coloriées, br. (*Mouillures.*)

752. Kotschy (Theodor). Reise in den cilicischen Taurus über Tarsus. *Gotha*, 1858, in-8, cartes et pl., br.

GÉORGIE

353. Brosset. Eléments de la langue géorgienne. *Paris, Imp. royale*, 1837, in-8, br.

754. Klaproth. Vocabulaire de la langue géorgienne. *Paris*, 1827, in-8, br.

755. Tchoubinof (David). Dictionnaire géorgien-russe-français. *Saint-Pétersbourg*, 1840, in-4 à 2 col., d.-m. noir.

756. Chronique géorgienne traduite par Brosset. *Paris, Imp. royale*, 1831, in-8, br.

757. Langlois (Victor). Numismatique de la Géorgie au moyen-âge. — Recherches sur les monnaies frappées dans l'île de Rhodes. — Essai de classification des suites monétaires de la Géorgie depuis l'antiquité jusqu'à nos jours. — Monnaies inédites ou peu connues de la Cilicie. *Paris*, 1852-60, ens. 4 br. in-4 et in-8, avec planches.

En arménien.

ANGERS, IMP. BURDIN ET Cie, RUE GARNIER.

www.ingramcontent.com/pod-product-compliance
Ingram Content Group UK Ltd.
Pitfield, Milton Keynes, MK11 3LW, UK
UKHW022129170726
13837UKWH00003B/1453

9 782329 317847